ro
ro
ro

Was ist der sicherste Weg, sein Leben zu verbessern? Wer sich gut fühlen will, muss auch gut denken – und das wird in diesem Tagebuch trainiert. *Das 6-Minuten-Tagebuch* hilft, nicht auf das zu schauen, was fehlt oder nicht passt, sondern sich auf Fortschritt und das Gute zu fokussieren.

Simpel und wirkungsvoll werden in jeweils drei Minuten am Morgen und am Abend die praxiserprobten Prinzipien der Positiven Psychologie genutzt, um das eigene Wohlbefinden langfristig zu steigern. Sechs Minuten, um wünschenswerte Gewohnheiten – wie zum Beispiel Dankbarkeit, Optimismus oder persönliches Wachstum durch tägliche Reflexion – aufzubauen. So werden die positiven Veränderungen automatisch in den Alltag integriert, und du kannst dein Leben Tag für Tag ein bisschen besser machen – konstant und proaktiv.

Dominik Spenst ist Autor der *6-Minuten-Journals*®, Erfinder des *6-Minuten-Prinzips*® und Host des *6-Minuten-Podcasts.* Nach einem schweren Unfall verbrachte er vier Monate im Krankenhaus und entwickelte aus dieser transformierenden Erfahrung heraus das erfolgreichste Dankbarkeitstagebuch der Welt, *Das 6-Minuten-Tagebuch.* Mit seinem Team spezialisiert er sich seit Jahren auf eine Sache: wissenschaftlich fundierte, leicht anwendbare Praxisbücher, mit denen sich Menschen überall auf der Welt glücklicher, produktiver und achtsamer schreiben. Seine *6-Minuten-Journals*® haben sich mittlerweile millionenfach verkauft und wurden in 20 Sprachen übersetzt. Dominik lebt mit Frau und Sohn in Berlin. Instagram: @dominikspenst

Dominik Spenst

Das 6-MINUTEN TAGEBUCH

6 Minuten, die dein Leben verändern

Rowohlt Taschenbuch Verlag

22. Auflage Oktober 2025
Veröffentlicht im Rowohlt Taschenbuch Verlag,
Rowohlt Verlag GmbH, Kirchenallee 19, 20099 Hamburg, November 2020
«Das 6-Minuten-Tagebuch» erschien zuerst im 6-Minuten-Verlag

Umschlagabbildung Dominik Spenst
Typografie Farnschläder & Mahlstedt, Hamburg
Schriften Foundry Wilson und Today
Druck und Bindung Mohn Media GmbH, Gütersloh
ISBN 978-3-499-63365-2

Kontaktadresse nach EU-Produktsicherheitsverordnung:
produktsicherheit@rowohlt.de

FSC www.fsc.org
MIX
Papier | Fördert gute Waldnutzung
FSC® C011124

Inhalt

Wir machen Journaling

... zum neuen Jogging!

Noch vor 50 Jahren wurde man belächelt, wenn man ohne Ziel durch den Park joggte oder Gewichte stemmte. Heute weiß jeder, wie wichtig körperliche Aktivität ist. Aktuelle Studien zeigen, dass es in den nächsten Jahren unabdingbar sein wird, regelmäßig «etwas» für die mentale Gesundheit zu tun. Passend dazu prognostiziert die Weltgesundheitsorganisation (WHO), dass Depressionen – noch vor Krebs, Diabetes und Herz-Kreislauf-Erkrankungen – im Jahr 2030 die weltweit häufigste Volkskrankheit sein werden. Mit unseren *6-Minuten-Journals*® tragen wir dazu bei, dass Training und Routinen für die mentale Fitness genauso selbstverständlich werden wie regelmäßige Bewegung für die körperliche Fitness.

Auf den Geist muss man schauen. Denn was nützt ein schöner Körper, wenn in ihm nicht eine schöne Seele wohnt.

Euripides

Deshalb spezialisieren wir uns auf wissenschaftlich fundierte und einfach anwendbare Journaling-Routinen, die langfristig dein Leben verändern können. Und damit machen wir Journaling zum neuen Jogging! Also schmeiß dich in deine mentalen Joggingklamotten – und los geht's mit der täglichen Extraportion Fitness für deine mentale Gesundheit. Es funktioniert übrigens auch gemütlich im Bett oder auf der Couch.

Die Wissenschaft bestätigt

... das Buch in deiner Hand wirkt.

Das *6-Minuten-Tagebuch* wird mittlerweile von Millionen Menschen in mehr als 20 Sprachen benutzt. Aber welche Effekte hat die tägliche Nutzung wirklich auf die mentale Gesundheit und das persönliche Wohlbefinden? Um diese Frage zu beantworten, hat das Psychologie Department der Medical School of Berlin eine wissenschaftliche Studie durchgeführt. In dieser Studie mit etwa 160 Teilnehmenden wurde *Das 6-Minuten-Tagebuch* einen Monat lang zweimal täglich ausgefüllt. Vor Beginn der Studie, nach zwei sowie nach vier Wochen wurden alle Teilnehmenden zu ihrem wahrgenommenen Stress, positiven und negativen Emotionen, ihrer Selbstwirksamkeit und Resilienz befragt. Die Ergebnisse waren klar messbar:

Bereits nach zwei Wochen führte das Tagebuch bei den Teilnehmenden zu messbar weniger negativen Emotionen und weniger Stress. Nach vier Wochen verbesserten sich sowohl die Resilienz als auch die Selbstwirksamkeit. Die Selbstwirksamkeit beschreibt in der Psychologie die Überzeugung einer Person, auch schwierige Situationen aus eigener Kraft bewältigen zu können. Darüber hinaus konnte nach vier Wochen ein noch stärkerer Rückgang der negativen Emotionen als auch des subjektiven Stressempfindens gemessen werden. Die Studie wurde im renommierten «Frontiers in Psychology»-Journal veröffentlicht und wenn du sie genauer durchlesen möchtest, findest du sie im Literaturverzeichnis.[1] Nach etwa 6 Jahren der Entwicklung und Optimierung können wir nun also sagen: Das *6-Minuten-Tagebuch* ist das erste Journaling-Tool mit einer wissenschaftlich bestätigten Wirksamkeit.

Also: Atme Erfüllung ein und Zweifel aus! Fokussiere dich auf das Gute in dir – und um dich herum. Geh stressfreier, resilienter und positiver durch dein Leben.

Dieses Tagebuch

... ist das, was du daraus machst.

Es spricht also vieles dafür, dass diese 420 g Papier in deinen Händen wirklich dein Leben verändern können. Allerdings ist *Das 6-Minuten-Tagebuch* ohne dein Zutun tatsächlich nicht mehr als 420 g Papier mit Leinen. Erst durch deine Hände kann es seine volle Wirkung entfalten. Durch deine Antworten – und die wertvollen Momente, die du auf der Suche danach erlebst – stößt du die große Veränderung in dir selbst an.

Das gute Gelingen ist zwar nichts Kleines, fängt aber mit Kleinigkeiten an.
Sokrates

***Das 6-Minuten-Prinzip®:* Kleiner Aufwand, große Wirkung**

Aktuelle Studien zeigen: Immer mehr Menschen WISSEN, was sie tun können, um gelassener, gesünder und glücklicher zu leben, aber immer weniger TUN es auch wirklich. Mit Tausenden Büchern, Apps, Posts und Podcasts mangelt es nicht an Ideen, sondern an der Umsetzung.

Deshalb spezialisieren mein Team und ich uns seit Jahren auf eine Sache: wissenschaftlich fundierte *6-Minuten-Journals®*, mit denen du – ohne Kampf und Krampf – konstant ins TUN kommst! Ganz egal, welchen Lebensbereich du verändern möchtest: Mit dem *6-Minuten-Prinzip®* erreichst du – Schritt für Schritt – das, was du dir vornimmst. 6 Minuten, die dein Leben verändern.

Warte bitte nicht …

… auf deine Motivation, sondern starte einfach.

Wie oft hast du dir schon gedacht: «Ach, ich bin gerade einfach nicht motiviert genug»? Die Idee, dass wir ein bestimmtes Maß an Motivation oder Inspiration benötigen, um ins Tun zu kommen, ist tief in unserer Gesellschaft verwurzelt. Wir denken typischerweise, dass Motivation in etwa so funktioniert:

Erst Motivation ⟶ Dann gewünschte Handlung

Studien konnten jedoch zeigen, dass Motivation oft erst dann entsteht, wenn wir ins Tun gekommen sind – und nicht davor![2] Dabei spielt es keine Rolle, wie groß oder klein die Handlung war. Das Gefühl des Erfolgs erzeugt Schwungkraft und deshalb ist Motivation oftmals das Ergebnis unserer Handlungen und nicht deren Auslöser, also:

Erst gewünschte (noch so kleine) Handlung ⟶ Dann Motivation

Und genau aus diesem Grund sind Schritte, die so klein sind, dass du sie im Hier und Jetzt gehen kannst, das Herzstück des *6-Minuten-Prinzips®*. Es geht weniger um die exakte Minutenanzahl, und vielmehr darum, dass du wirklich konstant ins Tun kommst – und so immer wieder deine eigene Motivation für mehr positive Veränderungen in deinem Leben erzeugst. Der schwerste Moment, um ins Tun zu kommen, ist im Regelfall der Anfang. Denn für jedes Vorhaben verbraucht der Wechsel von Stillstand zu Bewegung, von Trägheit zu Tätigkeit, die meiste Energie. Das gilt genauso für den Start eines Flugzeugs wie für das Anfahren mit dem Fahrrad, das Aufstehen von deiner Couch oder deine ersten Worte im *6-Minuten-Tagebuch*.

Und deshalb empfiehlt es sich, den Start so leicht wie möglich zu gestalten. Hast du die erste Startbewegung geschafft, ist es vergleichsweise leicht, in Bewegung zu bleiben. Ist die erste Socke einmal gefaltet, fällt es leichter, den Rest der Wäsche zu machen. Ist das erste Wort aus deinem Mund entwichen, fällt es dir leichter, den Rest zu erzählen. Ist die erste Zeile in deinem Tagebuch ausgefüllt, dann ist die Schwungkraft, – oder wie die Amerikaner es nennen, das Momentum – auf deiner Seite, und die Lust auf mehr kommt ganz von allein. Dank leichter Schritte zelebrierst du einen kleinen Erfolg nach dem anderen, hast Freude am Aufbau deiner neuen Routine und bleibst so langfristig motiviert.

Ins Rollen kommen

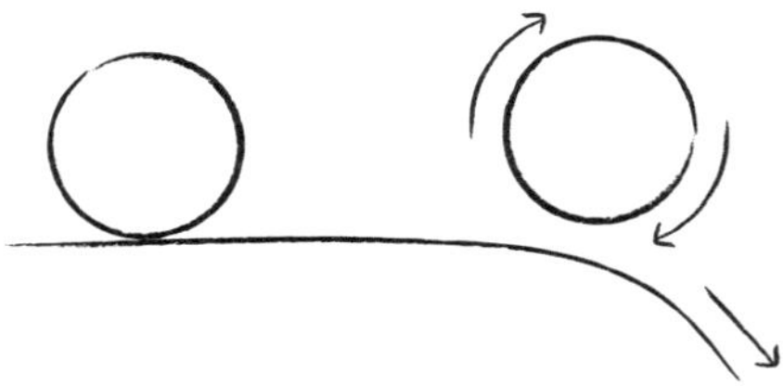

Warte also nicht erst, bis du die nächsten 70 Seiten perfekt durchstudiert hast, sondern starte schon vorher mit dem Praxisteil. Lies dir kurz die übernächste Doppelseite durch, die restlichen Inhalte kannst du dann auch nach und nach lesen. Der Theorieteil ist extrem wichtig, denn er hilft dir, das «Warum?» hinter dem Praxisteil zu verinnerlichen. Der Praxisteil ist jedoch noch wichtiger, denn er hilft dir, dein Leben zu verändern. Also egal, ob du sofort eine ganze Tagesseite oder nur die Abendroutine ausfüllst, das Motto lautet: Ein kleiner Start ist ziemlich smart.

Die 10-Sekunden-Regel

Damit du auch wirklich genau die Gehirnverbindungen trainierst, die dich langfristig glücklicher und erfolgreicher machen, empfehle ich dir Folge 1 des *6-Minuten-Podcasts*. Hier erfährst du das «Warum?» und das «Wie» hinter der 10-Sekunden-Regel. Ohne diese Regel bringt dir dieses Buch nur halb so viel. Such einfach in deiner Podcast-App oder auf Google nach *«6-Minuten-Podcast»*.

Du wirst dein Leben
niemals verändern,
solange du nicht etwas
veränderst,
das du täglich tust.
Der Schlüssel zum Erfolg
liegt in deiner täglichen
Routine.[3]

John C. Maxwell

Ein kurzer Überblick

... wie du das 6-Minuten-Tagebuch am besten nutzen kannst

Morgenroutine

1 *Morgendliche Dankbarkeit* (S. 62)
Schreibe drei Dinge auf, für die du dankbar bist, oder eine Sache, für die du dankbar bist, mit drei Gründen dafür.

2 *Wie du ein gutes Leben kreierst* (S. 70)
Richte deinen Fokus auf die Möglichkeiten und Chancen des Tages. Welche Ziele hast du? Mit welchen konkreten Handlungen bewegst du dich heute in die richtige Richtung?

3 *Positive Selbstbekräftigung* (S. 74)
Zeichne das Bild, das du für den heutigen Tag oder für die Zukunft von dir siehst. Definiere dich als die Person, die du sein möchtest.

Abendroutine

4 *Was habe ich heute Gutes für einen anderen Menschen getan?* (S. 79)
Jeder noch so kleine Akt kann jemandem eine Freude bereiten. Anderen etwas Gutes zu tun, macht wiederum dich selbst nachhaltig glücklich.

5 *Persönliche Weiterentwicklung* (S. 80)
Du willst stetig wachsen und dich weiterentwickeln?
Was hast du heute gelernt?

6 *Glücksmomente deines Tages* (S. 82)
Jeder Tag ist voller kleiner Glücks- und Erfolgsmomente.
Begegne ihnen mit offenem Blick, fang sie ein und halte sie fest.

Wochenroutine

Deine Herausforderung (S. 33)
Hier verlässt du deine Komfortzone, um dir oder anderen etwas Gutes zu tun.

Deine fünf Fragen (S. 34)
Viele dieser Fragen hast du dir wahrscheinlich noch nie im Leben gestellt. Sie sind entweder spannend, aufregend, tiefgründig, ungewöhnlich, interessant, unterhaltsam, inspirierend oder ein Mix aus alldem.

Mo Di Mi Do Fr Sa So 24.12.24

Beispielseite
... wie deine 6-Minuten-Routine aussehen könnte.

1 Ich bin dankbar für ...

1. *die Sonnenstrahlen auf meiner Haut*
2. *das leckere Frühstück, das ich mir gleich zubereite*
3. *meine tollen Freunde, die mein Leben bereichern*

2 So sorge ich für einen guten Tag ...

Ich möchte mich fit und gesund fühlen und werde daher heute Sport treiben.
Ich nehme mir vor der Arbeit Zeit für mich und lese zehn Minuten lang mein neues Buch.
Ich meditiere heute, um mich ausgeglichener zu fühlen.

3 Positive Selbstbekräftigung

Ich kontrolliere meine Einstellung und entscheide mich, stark und selbstbewusst zu sein.

Zitat des Tages
oder
Herausforderung der Woche

4 Was habe ich heute Gutes für jemanden (für mich) getan?

Ich habe heute jemandem die Tür offen gehalten.
Ich habe die Verkäuferin nett angelächelt.

5 Was habe ich heute gelernt?

Wenn ich morgens spazieren gehe, bin ich viel entspannter.

6 Tolle Dinge, die ich heute erlebt habe ...

1. *Ich habe ein Kompliment dankbar angenommen.*
2. *Ich habe es geschafft, meine Tagesziele zu erreichen.*
3. *Ein Kollege hat mir ein leckeres Gericht empfohlen.*

Einleitung

Deine Diamantenmine

... eine kleine Geschichte
mit einer großen Botschaft

Eines Tages hört der afrikanische Bauer Al Hafed zum ersten Mal in seinem Leben etwas über Diamanten. Ein weiser Priester erzählt ihm von anderen Bauern, die reich wurden, nachdem sie Diamantenminen entdeckt hatten. «Ein einziger Diamant, nicht größer als eine Daumenspitze, ist so viel wert wie hundert Bauernhöfe», sagt er zum Bauern. Dieser entscheidet sich, seinen Bauernhof zu verkaufen, um selbst nach Diamanten zu suchen. Den Rest seines Lebens wandert Al Hafed auf der Suche nach Minen durch Afrika. Erfolglos. Mit erschöpftem Körper und gebrochenem Geist gibt er seine Suche verzweifelt auf und ertränkt sich schließlich im Meer.

Zurück zu dem Bauernhof, den der Bauer verkauft hatte: Eines Tages führt der neue Besitzer sein Kamel an einen flachen Bach auf dem Hof. Überrascht entdeckt er auf dem Grund des Rinnsals etwas Glänzendes. Er greift ins Wasser und hält einen schwarz funkelnden Stein in der Hand, den er mit nach Hause nimmt und auf seine Kaminplatte legt.

Ein paar Tage später kommt der weise Priester zu Besuch, weil er den Nachfolger von Al Hafed kennenlernen möchte. Als er den Stein auf der Kaminplatte erblickt, verschlägt es ihm die Sprache. Der Bauer erzählt ihm, dass er den Stein vor ein paar Tagen gefunden habe und ähnliche Steine im gesamten Bach zu finden seien. Der Priester weiß es besser: «Das ist kein Stein. Das ist ein ungeschliffener Diamant, einer der größten Diamanten, die ich jemals gesehen habe!» Aus diesem Bach, der einst Al Hafed gehörte, wurde die Golconda-Mine, eine der ertragreichsten Diamantenminen aller Zeiten.

Frei erzählt nach Russell H. Conwell

Die Botschaft ist klar. Hätte Al Hafed das geschätzt, was er damals schon in seinem Leben hatte, hätte er letztlich die Schätze auf seinem eigenen Land erkannt.

Für uns gilt ebenfalls: Das größte Vermögen versteckt sich in uns selbst. Wir müssen auf unseren eigenen Feldern graben, denn die Diamanten liegen in unserem Inneren. Wenn du deine eigene Diamantenmine suchst, wirst du sie auch finden. Achte bewusst auf die Gelegenheiten, die sich in deinem Alltag ergeben, auf die Dinge, die dein Alltag jetzt schon bietet. Das, was du suchst, liegt bereits vor deiner Nasenspitze! Alles, was du sein kannst, ist bereits in dir.

**Deine Einstellung dazu, wer du bist
und was du hast, ist eine sehr kleine Sache,
die einen sehr großen Unterschied macht.**

Theodore Roosevelt

6 Gründe

… warum du das 6-Minuten-Tagebuch *lieben wirst*

1.
Du hältst gerade das simpelste und wirkungsvollste Instrument zu einem glücklicheren Lebensgefühl in deiner Hand

Das *6-Minuten-Tagebuch* ist kein einfaches Dankbarkeitstagebuch, kein Achtsamkeitstagebuch mit viel Chichi oder Feenstaub. Es ist ein wissenschaftlich fundiertes Journal mit einem festen Ziel: dich mit den einfachsten Methoden langfristig glücklicher und zufriedener zu machen. Auf den nächsten 70 Seiten wird dir genau erklärt, wie du mit der richtigen Nutzung in nur wenigen Minuten am Tag genau dieses Ziel erreichen kannst. Natürlich kannst du schon genau jetzt mit deiner täglichen Journaling-Routine starten. Um aber wirklich den vollen Nutzen aus dem Journal in deiner Hand zu ziehen, solltest du auch den Theorieteil nach und nach aufmerksam lesen. Das *6-Minuten-Tagebuch* entfaltet seine volle Wirkung, sobald du es als feste Routine in deinem Alltag etabliert hast. Mit jedem Tag, an dem du es benutzt, legst du einen weiteren Stein und baust so deine erste Mauer aus Glück. Aus einer Mauer werden schnell mehrere, und ehe du dich's versiehst, hast du ein schönes und solides Haus aus Glück errichtet. Es gibt viele Bücher, die dir ein glückliches und erfülltes Leben versprechen. Genau diese Bücher sind oftmals diejenigen, die ihr Versprechen am wenigsten halten. Sie zeigen meist den einen goldenen Weg zum Glück auf, die eine Formel, die aber nicht existiert, weil wir einfach alle so unterschiedlich sind. Im Gegensatz dazu bietet dir *Das 6-Minuten-Tagebuch* das Fundament und die Materialien, mit denen du dein Haus aus Glück selbst errichten kannst. Wie du das Haus baust, entscheidest du täglich aufs Neue für dich selbst, denn mit jeder Tagebuchseite, die du beschreibst, gibst du deinem Haus deine ganz individuelle Note, deinen persönlichen Fingerabdruck.

Seit 2,8 Millionen Jahren wird jeder Mensch mit einer vorinstallierten Software geboren: der Überlebenssoftware. Diese Software war früher maßgeblich dafür verantwortlich, ob man überlebte oder getötet wurde. Heutzutage ist sie weniger hilfreich, da sie das Gehirn permanent dazu bringt, nach Dingen zu suchen, die gerade falsch laufen bzw. eine Bedrohung für dein Überleben darstellen könnten. Auf diese Weise löst sie automatisch negative Gefühle in dir aus und zwingt dein Gehirn, das Schlechte stärker als das Gute wahrzunehmen. Negative emotionale Erfahrungen, schlechtes Feedback und unangenehme Erinnerungen haben einen stärkeren psychologischen Einfluss auf dich als die positiven Gegenstücke.[4] Deshalb schmerzt ein gebrochenes Herz mehr, als ein erfülltes Herz Freude bereitet. Und deshalb ist der Schmerz, etwas zu verlieren, durchschnittlich drei- bis viermal stärker als das Glücksempfinden, es zu besitzen. Unser Gehirn fungiert wie ein Saugschwamm für Schlechtes und eine Teflon-Beschichtung für Gutes. Evolutionsbedingt reagieren wir also schneller und stärker auf negative Einflüsse und bewerten Negatives natürlicherweise über.[5] Da dieser Mechanismus über die letzten drei Millionen Jahre im menschlichen Gehirn verankert wurde, werden auch drei Jahrzehnte Forschung zu Positiver Psychologie so schnell nichts daran ändern. Zufriedenheit und Lebensfreude? Das sind nicht die Hauptinteressen deines Gehirns, da solche Gefühlslagen im Überlebenskampf eher schädlich waren. Schließlich heißt es auch «Survival of the Fittest» und nicht «Survival of the Happiest».

Die gute Nachricht ist: Das Journal in deiner Hand hilft dir, deinen evo-

Der wichtigste Trick, um glücklich zu werden, ist zu erkennen, dass dein persönliches Glück eine Wahl ist, die du triffst, und eine Fähigkeit, die du entwickelst. Du triffst die Entscheidung, glücklich zu sein, und dann arbeitest du daran.[6]

Naval Ravikant

lutionären Miesepeter zu überlisten. Es ist wissenschaftlich erwiesen, dass man das eigene Gehirn durch proaktive und insbesondere tägliche Wiederholung neu verdrahten kann. Als Gegenpol zu deinen negativen Emotionen kannst du also glücklicherweise eine neue Software mit positiven Gewohnheiten installieren. Dieser Installationsvorgang nennt sich Neuroplastizität (S. 50) und benötigt durchschnittlich 66 Tage täglicher Ausführung, bis er abgeschlossen ist.[7] Der Schlüssel zum Erfolg ist also Kontinuität – und Glück ist keine reine Glückssache, sondern Schritt für Schritt erlernbar.

Bist du dankbar für das, was du hast? Und wenn ja, verleihst du dieser Dankbarkeit regelmäßig den Ausdruck, den sie verdient? Wann hast du das letzte Mal deinem Partner oder deinem besten Freund gegenüber aufrichtige Dankbarkeit empfunden? Wann hast du ihnen das letzte Mal aufrichtig gesagt, wie dankbar du für die tollen Dinge bist, die sie für dich tun, anstatt dich über die kleinen Dinge aufzuregen, die dich an ihnen stören?

Wenn du heute nicht für das dankbar bist, was du hast, wirst du auch morgen oder in einer Woche nicht für das dankbar sein, was du dann bekommen wirst. Und hier ist nicht die Rede von dem Amazon-Paket, dem tollen Kompliment oder der Jubiläumsfeier. Es geht vielmehr um die Dinge, die zu deinem Alltag gehören. Durch den täglichen Fokus auf Wertschätzung, auf das, was du BEREITS in deinem Leben HAST, fühlst du dich nachgewiesenermaßen langfristig glücklicher und zufriedener. Das *6-Minuten-Tagebuch* ist so aufgebaut, dass du mit der Investition von ein paar Minuten täglich positive Verhaltensmuster und eine optimistische Grundeinstellung entwickelst. So konzentrierst du dich viel mehr auf die Möglichkeiten statt auf die Hindernisse in deinem Leben. Wer sich gut fühlen will, muss auch gut denken.

Ein Prinzip des *6-Minuten-Tagebuches* ist deshalb, nicht nur auf das zu schauen, was fehlt oder nicht funktioniert, sondern speziell auch auf das, was schon vorhanden ist und funktioniert. So machst du Positives sichtbar und übst dich darin, konstruktive Gedanken zu entwickeln. Das Tagebuch hilft dir, die richtige Balance zwischen Wertschätzung und Weiterentwicklung, zwischen Dankbarkeit und Leistung zu finden. Es hilft dir dabei, das Hier und Jetzt voll umfassend schätzen zu lernen. Du erfährst, wie Dankbarkeit dich glücklicher machen kann, und erhältst eine Plattform, auf der du tägliche Dankbarkeit praktizieren kannst.

Dankbarkeit ist die magische Formel, mit der du die Tür zu all den Möglichkeiten, die sich im Laufe deines Tages bieten, öffnest. Um es mit den Worten von Mark Twain auszudrücken: Gib jedem Tag die Chance, der schönste deines Lebens zu werden.

2.
Frei von Tschakkas und esoterischem Wischiwaschi. Das Konzept ist wissenschaftlich fundiert

In diesem Buch werden dir keine Versprechen gemacht, die nicht auf tatsächlichen Erfahrungen oder den Ergebnissen wissenschaftlicher Studien basieren. Renommierte Psychologen und anerkannte Wissenschaftler haben mit ihrer Forschung die Vorarbeit für das *6-Minuten-Tagebuch* geleistet. Du kannst dir die Mühe sparen, Hunderte wissenschaftliche Veröffentlichungen zu durchforsten und die Spreu vom Weizen der Forschung zu trennen. Wie du in den Anmerkungen siehst, wurde dir diese Arbeit bereits abgenommen.

Theoretisches Wissen und praktische Anwendung sind aber bekanntlich zwei verschiedene Paar Schuhe. Man kann davon ausgehen, dass jeder Arzt über gesunde Ernährung Bescheid weiß. Bedeutet das gleichzeitig auch, dass sich jeder Arzt gesund ernährt? Wohl eher nicht. Dasselbe gilt womöglich für dich und dein Wissen über die positiven Effekte von Dankbarkeit, einer optimistischen Grundeinstellung, Selbstreflexion und guten Gewohnheiten. Diese Effekte tatsächlich in dein Leben zu integrieren, ist etwas grundlegend anderes, als einfach nur darüber zu reden oder zu lesen.

Um die Theorie in die Praxis umzusetzen, musst du keinen Cent mehr ausgeben, als du für dieses Buch bezahlt hast! **In deiner Hand liegt ein kompaktes und effektives Werkzeug, mit dem du das theoretische Fundament der Positiven Psychologie in nur 6 Minuten am Tag praktisch und langfristig zu deinem Vorteil nutzen kannst.**

3.
Das tägliche Schreiben wird zum Kinderspiel

Hast du schon mal erlebt, wie jemand mit viel Mühe versucht, etwas in seinem Leben zu verändern? Fünf Kilo abnehmen, gesündere Ernährung, mehr Schlaf, frühzeitige Prüfungsvorbereitung oder eine liebevollere Partnerschaft ... es wurden so große Pläne geschmiedet, nur um dann schnell wieder in alte Verhaltensmuster zu verfallen. Laut Statistik hast du mit hoher Wahrscheinlichkeit auch schon selbst Ähnliches durchlebt: 92 % der Menschen, die jedes Jahr mit dem Rauchen aufhören möchten, scheitern. 95 % der Menschen, die abnehmen wollen, durchleben langfristig den Jo-Jo-Effekt, und 88 % der Menschen, die mit guten Vorsätzen ins neue Jahr starten, setzen diese letztlich nicht um.[8] Warum sollte dasselbe nicht auch beim Tagebuch passieren? Anfänglich schreibst du noch hoch motiviert, doch ruck, zuck verpufft die Euphorie, und das Projekt Tagebuch ist wieder auf Eis gelegt. Die Gründe dafür sind vielfältig: Es fehlt an Struktur, der Zeitaufwand erscheint zu groß, oder du hast den Sinn des Schreibens nicht verinnerlicht. Beim *6-Minuten-Tagebuch* werden all diese typischen Problematiken systematisch aus dem Weg geräumt. Es ist so konzipiert, dass auch Leute, die sonst keine typischen Tagebuchschreiber sind, am Ball bleiben.

Nichts ist besonders schwer, wenn du es in kleine Aufgaben teilst.
Henry Ford

Die Struktur dieses Journals erscheint simpel, ist aber wohldurchdacht und wird nach dem Lesen der ausführlichen Einführung selbst kritische Leser überzeugen. Insbesondere der häufig genannte Vorwand der mangelnden Zeit gilt beim *6-Minuten-Tagebuch* nicht. Die Aufteilung der Gesamtzeit von 6 Minuten auf drei am Morgen und drei vor dem Schlafengehen minimiert die Hemmschwelle zum Schreiben selbst für die kreativsten Ausreden-Erfinder.

Die festen Tageszeiten für deine Journaling-Routine erleichtern die Etablierung einer täglichen Routine. Optimalerweise ist das Tagebuchschreiben dein erster Impuls nach dem Aufstehen und dein letzter Impuls vor dem Schlafengehen. Ein Ziel ohne einen Termin ist nicht mehr als ein

Traum. Das Ziel ist hier die Maximierung deines persönlichen Glücks. Du hast jeden Morgen und jeden Abend einen klitzekleinen Termin, um dich diesem Ziel Schritt für Schritt, aber unaufhaltsam zu nähern.

Ich kann doch auch tippen, warum soll ich jetzt mit der Hand schreiben? Weil der Stift mächtiger als die Tastatur ist. Notizen verlagern sich vom Papier auf den Desktop, Aufgaben werden mit der To-do-List-App notiert, und der Füllfederhalter wird nach der vierten Klasse nicht mehr angerührt. Dabei wurde wieder und wieder belegt, dass das Schreiben mit Stift und Papier uns in fundamentaler Weise verwandelt. Dinge, die wir uns aufschreiben, verstehen wir besser und behalten sie länger im Gedächtnis als bei Getipptem.[9] Scheinbar ist es sogar möglich, den Heilungsprozess von körperlichen Verletzungen zu beschleunigen, wenn man darüber in ein Tagebuch schreibt.[10] Das *6-Minuten-Tagebuch* ist keine App, sondern ein Buch, das sich exklusiv einem Zweck widmet. Mit diesem physischen Tool kannst du den fast in Vergessenheit geratenen Mehrwert von Stift und Papier zu deinen Gunsten nutzen.

4.
Du kreierst ein einzigartiges Werk deiner Erinnerungen

Ein Tagebuch ist wie guter Wein. Eine Zeit lang weggelegt, gewinnt es an Reife und lässt sich in voller Pracht genießen. Stell dir vor, du hast das *6-Minuten-Tagebuch* ausgefüllt und zur Seite gelegt. Wenn du es nach einigen Monaten oder Jahren wieder aus dem Schrank holst, kannst du dich damit auf eine Reise in die aufregendsten und emotionalsten Regionen deiner eigenen Erinnerung begeben. Dir fällt dann auf, dass du gewisse Dinge mittlerweile ganz anders siehst als damals. Dir wird im Nachhinein bewusst, warum das so ist, und so kannst du dich auf eine einmalige Reise zu deiner ganz persönlichen Evolution begeben. Du wirst ein einzigartiges Zeugnis deiner damaligen Wünsche, Gedanken und Ansichten in der

Hand haben. Wie der römische Dichter Martial schon vor knapp 2000 Jahren sagte: Doppelt lebt, wer auch Vergangenes genießt. Stell dir vor, dein Großvater oder deine Mutter hätten ein solches Werk von sich selbst geschrieben. Was würden sie wohl dafür geben, so ein einmaliges Andenken zu haben? Du bist gerade auf dem richtigen Weg, später einmal eine Schatzkiste deiner Erinnerungen in den Händen zu halten. **Was gibt es Spannenderes auf der Welt als ein solches Werk über dich selbst?**

5.
Es macht Spaß und zeigt dir, was genau dich glücklich macht

Bei den Tagebucheinträgen geht es vor allen Dingen darum, dass du sie auch fühlst, denn erst wenn das der Fall ist, können sie ihre volle Wirkung entfalten (Genaueres dazu findest du in Tipp 2 auf S. 86). Nimm dir genau jetzt zwei Minuten, um die Theorie in die Praxis umzusetzen, und denke an etwas, wofür du dankbar bist: Vielleicht eine wertvolle Erfahrung in deinem Leben oder ein Moment, den du besonders wertschätzt. Schließe deine Augen, sobald dir etwas eingefallen ist, und verweile für zwei Minuten in deinen Emotionen. Mach es genau jetzt und nicht irgendwann!

Wie fühlst du dich jetzt? Nimm dir ein paar Sekunden, um dein Gefühl bewusst zu spüren. Dankbarkeit ist erwiesenermaßen das Gegenstück zu allen negativen Emotionen. Sie agiert wie ein Verstärker des Guten im Leben. Genauso wie ein Akustikverstärker die Schallsignale, die in ein Mikrofon schallen, verstärkt, verstärkt Dankbarkeit die positiven Signale in deinem Leben. Mit anderen Worten: Dankbarkeit intensiviert das Gute. Da die gedankliche Auseinandersetzung mit positiven Dingen von Natur aus Freude macht, tut die Tagebuchnutzung automatisch gut und bringt einen gewissen Spaßfaktor mit sich. In ähnlicher Weise sind auch die wöchentlichen Herausforderungen und ganz besonders die fünf wöchentlichen Fragen spannend, abwechslungsreich und unterhaltsam.

Was macht dich glücklich? Die Beantwortung dieser Frage ist bei der Vielzahl der möglichen Lebenswege in der heutigen Zeit wohl wichtiger als je zuvor. Das *6-Minuten-Tagebuch* hilft dir in ganz besonderer Weise herauszufinden, was das ist. Es stellt dir täglich die richtigen Fragen, denn klug zu fragen ist bekanntermaßen die halbe Wahrheit.

6.
Du lernst, dein inneres Glück von äußeren Umständen zu emanzipieren

Konfuzius sagte: «Wir haben zwei Leben. Das zweite beginnt in dem Moment, in dem wir erkennen, dass wir nur eines haben.» Auf die Frage, ob er bereits einen solchen Wendepunkt in seinem Leben erfahren habe, antwortete der erfolgreiche amerikanische Unternehmer Naval Ravikant Folgendes: «Ich habe mich mein ganzes Leben lang abgemüht, bestimmte materielle oder soziale Ziele zu erreichen. Als ich diese Ziele erreicht hatte, realisierte ich schnell, dass die Menschen um mich herum – von denen viele ähnliche Erfolge erreicht hatten und auf dem Weg zu noch größeren Erfolgen waren – einfach nicht glücklich wirkten. Und auch mein eigenes Wohlbefinden sank kurz nach dem Erreichen großer Ziele jedes Mal wieder. Das brachte mich – so banal das auch klingen mag – zu der Schlussfolgerung, dass Lebensfreude in erster Linie innerlich zu beeinflussen ist. Ich begann, mich mehr und mehr mit meinem Inneren zu beschäftigen, und realisierte in zunehmendem Maße, dass die wahren Erfolge sich innerlich abspielen und im Endeffekt nur sehr wenig mit äußeren Umständen zu tun haben.»[11]

Die Erfahrung von Naval Ravikant ist bei Weitem kein Einzelfall. Die meisten von uns denken, sie werden glücklicher sein, WENN sie mehr Geld haben, WENN sie an einem besseren Ort leben, WENN sie ihren Traumpartner treffen oder WENN sie ihren Traumjob bekommen. Dabei ist es gar nicht notwendig, auf das nächste tolle Ereignis zu warten, um dankbar und langfristig glücklicher zu sein. Denn immer wenn du eines dieser Ziele erreichst, wirst du merken, dass sich eigentlich nichts verändert hat. Du bist immer noch derselbe Mensch. Es ist äußerst selten, dass äußere Umstände dich LANGFRISTIG glücklicher machen. Das belegen zahlreiche anerkannte Studien[12] und höchstwahrscheinlich auch deine bisherige Lebenserfahrung. Ganz ehrlich, wie oft hast du schon gedacht: Wenn ich dieses oder jenes erreiche, dann bin ich glücklicher? Und wie oft warst du danach auch wirklich langfristig glücklicher?

Nimm dir Zeit, die kleinen Glücksmomente in deinem Leben zu feiern. Wenn du das nicht schaffst, ist es sehr unwahrscheinlich, dass du die großen feiern wirst. Nimm dir Zeit, die kleinen Erfolge des Tages wertzuschätzen. Wann hast du das letzte Mal einen deiner Erfolge gefeiert?

Der Weg zu einem glücklicheren Leben ist kein Geheimrezept, das lediglich buddhistischen Mönchen vorbehalten ist. Auch du kannst in nur 6 Minuten am Tag ein positives Lebensgefühl entwickeln, das dich langfristig unabhängig von den «WENNs» des Lebens macht. Lies weiter und überzeug dich selbst.

Die Dinge
haben nur den Wert,
den man ihnen
verleiht.

Molière

Wofür ich dankbar bin

Nach einem einjährigen Auslandsstudium voller Rumreiserei durch die schönsten Länder Asiens stand meine Rückreise in die Heimat an. Um diesem aufregenden Jahr den krönenden Abschluss zu geben, begab ich mich auf den ersten Solo-Trip meines Lebens. Frisch in Kambodscha angekommen, ging es gleich zum Motorradverleih, wo mich ein gleichgesinnter Reisender ansprach. Voller Elan beschlossen wir spontan, gemeinsam zu einer nahe gelegenen Aussichtsplattform zu fahren. Auf dem Weg dorthin genoss ich den angenehmen Fahrtwind und ließ die wunderschöne Natur auf mich wirken, als es plötzlich gewaltig krachte: Meine Bekanntschaft war mit etwa 70 km/h von hinten in mein linkes Bein gerast. Während ich wie ein Football durch die Luft flog, mich unzählige Male überschlug und schließlich auf dem Asphalt landete, stürzte er weitaus glücklicher, sah mich schockiert an – und ergriff abrupt die Flucht.

Und so lag ich da: blutüberströmt, bei 35 Grad in der prallen Sonne, alleine, mitten im Nirgendwo von Kambodscha, kaum eine unversehrte Stelle an meinem Körper und mein halbes Bein bis auf die Knochen aufgespießt. Ein Anblick, der mich immer wieder in Ohnmacht fallen ließ. Langsam näherten sich einige Einheimische, aber anstatt mir zu helfen, starrten sie mich nur an – einer der Schaulustigen filmte mein Bein sogar mit seinem Handy. Als nach einer gefühlten Ewigkeit die Polizei eintraf, spürte ich Erleichterung. *Endlich ins Krankenhaus!* Aber auch die Polizisten sprachen kein einziges Wort mit mir. Als ihnen klar wurde, dass kein Bestechungsgeld zu erbeuten war, machten sie sich in aller Ruhe aus dem Staub – unbeeindruckt von meinen Hilfeschreien. An diesem Punkt erreichte meine Panik ein neues Level, denn zum ersten Mal kam es mir in den Sinn, dass ich hier tatsächlich verbluten könnte. Auch die Einheimischen gingen nun einfach und ließen mich zurück. Da spürte ich, wie jemand von hinten meinen Kopf hob und mich ein Mann auf Englisch ansprach: «Wie heißt du?» Ich antwortete ihm, und er sagte: «Hi Dominik, ich bin Doug und ich werde dich hier wegschaffen, aber du musst aufhören, auf dein Bein zu schauen!» Doug war etwa 65 Jahre alt und kam aus Australien. *Danke, dass du mein Leben gerettet hast, Doug!*

Es folgten zwölf Operationen, sechzehn Wochen im Krankenhaus und die ständige Unsicherheit, ob ich mein Bein behalten würde oder nicht. Nach jeder dieser zwölf OPs blieb die Situation unverändert oder verschlimmerte sich sogar. Für jemanden, der es in seinem Leben kaum geschafft hat, eine Woche ohne Sport auszuhalten, war der Gedanke, ein Bein zu verlieren, erdrückend. Obwohl es mir psychisch eigentlich immer schlechter gehen sollte, mehrten sich Kommentare wie: «Warum bist du so gut gelaunt?» oder «Du verhältst dich so, als wäre nichts passiert». Ich spielte diese gute Laune nicht, sondern merkte einfach, wie sich meine innere Einstellung langsam von den äußeren Umständen – von den WENNs des Lebens – emanzipierte.

Vor dem Unfall stand «Karriere machen» ganz oben auf der Prioritätenliste, und ich bemühte mich unentwegt, Bestätigung von außen zu erhalten. *Wenn ich zu den besten 5% meines Jahrgangs gehöre, dann stehen mir alle Wege offen. Wenn ich bei diesem renommierten Unternehmen arbeite, dann folgen Haus und Familie ganz von allein (auch wenn die Frau noch fehlte).* Obwohl mich keines dieser WENNs glücklicher machte, war ich weiterhin in ihrem Hamsterrad gefangen – und würde ohne den Unfall vielleicht noch heute fleißig strampeln. Erinnerst du dich an das Zitat von Naval Ravikant auf der Seite 25? Die gleiche Erkenntnis, und zwar, dass Lebensfreude in erster Linie innerlich zu beeinflussen ist, drängte sich mir im Krankenhaus mehr und mehr auf. Zum einen wurde mir klar, dass meine Denkmuster mir selbst im Weg stehen, weil ich mein Glück mit jedem neuen Ziel endlos nach hinten verschiebe. Zum anderen wurde mir bewusst, dass ich größtenteils fremde Erwartungen erfüllte und Ziele verfolgte, die wenig mit meinen eigenen Wünschen zu tun hatten. Dieser Prozess war kein Zufall, sondern das Ergebnis täglicher Dankbarkeit und Selbstreflexion. Anstatt mich also auf das Schlechte zu konzentrieren – was ein Leichtes ist, wenn sich das eigene Universum auf ein Krankenhausbett und eine Krankenhaustoilette beschränkt –, habe ich mich auf das Gute fokussiert, wovon, wie ich schnell merkte, es noch jede Menge gab!

Trotz mehrerer Gehirnerschütterungen war ich noch klar im Kopf. Ich hatte noch ein anderes Bein, und meine Familie und engste Freunde waren stets für mich da. Ich lernte zu schätzen, was ich habe, und begann all die kleinen schönen Dinge des Alltags aufzuschreiben, um sie noch bewusster wahrzunehmen. Vor allem aber begriff ich, dass wahrer Erfolg innerer Erfolg ist. Diese Einstellung ist bis heute unverändert und mein Kopf nicht mehr in der Endlosschleife des nächsten tollen Ziels gefangen. Kurzum: Ich bin gelassener und erfüllter als zuvor – und mittlerweile auch wieder auf den Beinen.

Seit dem Unfall habe ich mich nicht nur mehrere Tausend Stunden mit dem Studium der menschlichen Psyche beschäftigt, sondern auch die Erfahrungen von mittlerweile mehr als zwei Million *6-Minuten-Tagebuch*-Nutzer:innen gesammelt. Dabei bin ich immer wieder zu der Erkenntnis gekommen, dass kleine Gewohnheiten eine riesige Wirkung haben. Seitdem ich diese Idee verinnerlicht habe, stecke ich all meine Energie in die Entwicklung von Tools, die Menschen helfen, folgende zwei Fragen zu beantworten: Was macht mich glücklich? Und: Mit welchen Gewohnheiten kann ich mehr davon in mein Leben holen? Egal, welche Ziele du im Leben verfolgst, positive Gewohnheiten, die du in kleinen, realistischen Schritten aufbaust, sind der beste Weg dahin. Das Gute ist: Um diese Erkenntnis von der Theorie in deinen Alltag zu befördern, brauchst du keinen traumatischen Weckruf, sondern kannst jetzt beginnen, Gewohnheiten aufzubauen, die dein Leben bereichern. Viele tolle Dinge in meinem Leben wären ohne den Unfall nicht passiert. Eines davon liegt gerade in deiner Hand.

Nun zu der etwas klassischeren Danksagung: Danke an einige meiner Inspirationsquellen: Robert Greene, Jordan Peterson, Mark Manson, Ryan Holiday, Judith Mangelsdorf, Tim Schlenzig. Danke an meine Frau, die mein größter moralischer Kompass, meine ehrlichste Kritikerin und meine größte Spaßquelle ist. Danke an meine Familie und den kleinen Kreis meiner engsten Freunde. Immer wieder werde ich daran erinnert, wie wichtig diese Menschen sind und wo ich ohne sie jetzt wäre. Zuletzt auch ein Danke an DICH! Danke, dass du diese Worte liest. Danke, dass du dich darauf eingelassen hast, dich auf einen Pfad zu einem achtsameren und glücklicheren Leben zu begeben!

Es sind nicht
die äußeren Umstände,
die das Leben verändern,
sondern die inneren
Veränderungen, die sich
im Leben äußern.

Wilma Thomalla

Das Leben
beginnt am Ende
deiner
Komfortzone.[13]

Neale Donald Walsch

Mehr als nur ein Tagebuch

... was genau die Wochen- und Monatsroutinen dir zu bieten haben

Wöchentliche Herausforderung – Raus aus der Komfortzone

Jede Woche aufs Neue stellt dir *Das 6-Minuten-Tagebuch* eine einzigartige Herausforderung, die dich dazu bringt, dir selbst oder anderen Menschen etwas Gutes zu tun. Kurzfristig kann die Bewältigung der Herausforderungen schwerfallen, langfristig steigerst du damit dein Wohlbefinden. Deine Überlebenssoftware ist von Natur aus bestrebt, Aufwand und Energie zu sparen. Daher steht sie Neuem und Unbekanntem höchst skeptisch gegenüber. Sie lehnt Neues zumeist ab, weil sie damit unbewusst eine Bedrohung assoziiert. Aus diesem Grund willst du dich lieber in deiner gemütlichen Komfortzone einkuscheln. Du willst da bleiben, wo alles vertraut ist, wo du Stress und Risiko minimieren kannst. Im angstfreien Raum, wo alles mehr oder weniger vorhersehbar ist. Du willst einen sportlichen Körper haben, aber nicht ins Fitnessstudio gehen oder der ständigen Verlockung zu ungesunden Leckereien widerstehen. Du willst lieber davon träumen, wie du mit deinem Traumpartner zum Hochzeitsaltar schreitest, anstatt den ersten Schritt fürs Date zu wagen.

Wenn du dir das Tagebuch gekauft hast, stehst du mit hoher Wahrscheinlichkeit Neuem offener gegenüber als der Durchschnittsbürger. Nimmst du die Herausforderungen an und lässt dich somit mit Neuem konfrontieren, lernst du dazu, bleibst flexibel und entwickelst dich weiter. Die Herausforderungen im *6-Minuten-Tagebuch* sind so konzipiert, dass du regelmäßig über deinen eigenen Schatten springen musst. Und was nach den

Gesetzen der Physik unmöglich ist, ist auf geistiger Ebene durchaus machbar. Egal ob für deinen beruflichen Erfolg, deine persönlichen Beziehungen, deine spirituellen oder sportlichen Ambitionen. Deine Ziele und deine Komfortzone leben nicht in der gleichen Straße, sie haben nicht mal die gleiche Postleitzahl. Deshalb ist es bequem, aber nicht gut, das Bequeme für das Gute zu halten. Dein persönliches Wachstum findet, genau wie jeder wirkliche Fortschritt im Leben, außerhalb deiner Komfortzone statt. Du springst förmlich aus deinem geistigen Nest der Bequemlichkeit – und davon profitiert niemand mehr als du selbst.

Wöchentliche fünf Fragen – Die Wahrheit über dich

Jeder möchte Antworten haben. Am besten schnell, klar und eindeutig. Grundsätzlich tendieren wir dazu, die Bedeutung von «richtigen» Antworten überzubewerten. Das ist kein Wunder, denn insbesondere unser Schul- und Arbeitssystem haben uns dazu konditioniert, so zu denken: Von Prüfung zu Prüfung, Aufgabe zu Aufgabe und Projekt zu Projekt wird uns eingetrichtert, den Fokus auf das Endresultat zu legen. Während gute Fragen in der Schule weder gelehrt noch belohnt werden, regnet es Anerkennung für auswendig gelernte Antworten. Lehrer stellen die Fragen und vergeben gute Noten für «richtige» Antworten. Firmenchefs möchten Lösungen und zahlen gutes Geld für starke Ergebnisse. Das Leben dreht sich aber nicht nur um Endziele, sondern vielmehr um den Weg dahin – mit all seinen Nebenstrecken, Sackgassen und Abzweigungen.

> Ich liebe Fragen. Vielleicht, weil ich meh von ihnen hab als von den Antworten. Und w sie so viel Kraft haben.
> *Tim Schlenzig*

Die Tatsache, dass unsere Gesellschaft so viel Wert auf Antworten und Resultate legt, spiegelt sich nicht nur im Berufs- und Bildungsleben wider. Sie überträgt sich auch auf unser persönliches Leben. So stellen wir uns zu oft weniger wichtige Fragen, wie z. B. «Was denken andere von mir?» oder

«Wie kann ich besser sein als andere?». Gleichzeitig beschäftigen wir uns zu selten mit essenziellen Fragen, wie z. B. «Was sind meine Prioritäten im Leben und warum?» oder «Wie fühle ich mich zurzeit, und warum ist das so?». Und selbst wenn wir uns mit den fundamentalen Fragen beschäftigen, tendieren wir dazu, voreilige Antworten zu geben. Wir sind zu fokussiert auf die nächste rasche Lösung, die damit verbundene Belohnung und das daraus resultierende, kurzlebige Gefühl der Befriedigung.

Antworten lassen uns oftmals in dem Glauben, dass wir nicht mehr weitergehen müssen, weil wir schon alles wissen. Sie sind häufig vorgefertigt und somit bequem, können uns dadurch aber auch schnell fremde Ansichten und standardisierte Lösungen aufdrängen. Gute Fragen hingegen stimulieren uns, die Antworten selbst zu erarbeiten und sind so ein fruchtbarer Boden für individualisierte und kreative Lösungen. Sie bringen uns dazu, über den Tellerrand zu schauen, um Ecken zu denken und Neues zu entdecken. Die Prozesse, die wir durchlaufen, wenn wir eine Frage formulieren oder ihr auf den Grund gehen, sind die Basis für echtes Verständnis und nachhaltiges Wachstum. In über vierzig Jahren als Geschäftsführer des erfolgreichsten Investmentfonds der Welt konnte Ray Dalio Erfahrungen mit Tausenden von Mitarbeitern sammeln und sagte passend dazu: «Schlaue Menschen sind diejenigen, die die besten Fragen stellen, ganz im Gegensatz zu denen, die denken, alle Antworten parat zu haben. Gute Fragen sind ein weitaus besserer Indikator für zukünftigen Erfolg als prima Antworten.»[14] Wenn du also lernen, wachsen und nach vorne gehen möchtest, ist es absolut notwendig, eine bewusste Wertschätzung für Fragen zu entwickeln. Mit den Wöchentlichen 5 Fragen steuerst du proaktiv genau in diese Richtung. Ob tiefgründig, unterhaltsam, motivierend, inspirierend oder ein Mix aus alldem – die Fragen sind Woche für Woche unterschiedlich und geben dir so immer wieder neues Gedankenfutter.

> Wer «nicht in die Welt paßt», der ist immer nahe daran, sich selber zu finden.
>
> *Hermann Hesse*

Wir alle haben eine Vorstellung davon, was unser Leben «perfekt» machen würde und wie es aussehen «sollte». Von dieser Idealvorstellung ausgehend, verfolgen wir oft Ziele, die uns zu viel abverlangen und wenig mit dem zu tun haben, was wir eigentlich brauchen. Aber wie finden wir heraus, welche Ziele zu uns passen? Hierfür gilt es zunächst, den Fuß vom Selbstoptimierungs-Pedal zu nehmen und den ersten Gang der Selbstakzeptanz-Schaltung einzulegen. Ziele sind wichtig, aber ebenso wichtig ist es, aufrichtig sagen zu können: «Ich bin gerade genug, so wie ich bin.» Selbstakzeptanz ist der Ausgangspunkt für Zielsetzungen, die wirklich mit dir harmonieren. Wenn du diesen Punkt überspringst, wird es immer heißen: «Ich bin erst genug, wenn ich dies und jenes erreicht habe.» Mit diesem Denkmuster gibst du dir nur selten die Erlaubnis, dich so zu mögen, wie du bist. Du läufst Gefahr, dich mit jedem neuen Ziel auf einen Kampf gegen dich selbst einzulassen, den du langfristig nicht gewinnen kannst.

Höhepunkt des Glücks ist es, wenn der Mensch bereit ist, das zu sein, was er ist.
Erasmus von Rotterdam

Erst, wenn du dich selbst annimmst – mit all deinen Bedürfnissen, Emotionen, Stärken und Schwächen, Ecken und Kanten –, kannst du dir Ziele setzen, die dich wachsen lassen. Passend dazu sagte Ray Dalio: «Die glücklichsten Menschen sind diejenigen, die ihre eigene Natur entdecken, um ihr Leben dann daran anzupassen.»[15] Dementsprechend dreht sich ein Großteil der Wöchentlichen 5 Fragen darum, dich durch Selbstreflexion (mehr dazu auf S. 52–58) zu ergründen, um daraus Ziele abzuleiten, die dich wirklich erfüllen. Für diesen Prozess fordern dich viele der Fragen heraus, tief in dich zu gehen. Dabei ist es ganz normal, auf Widerstand zu stoßen. Sollte dir also eine Frage Unbehagen bereiten, ist das eventuell ein Indiz dafür, dass die Beschäftigung damit umso wertvoller für dich ist. Im Zweifelsfall ignorierst du sie oder besser noch: Du markierst sie, um ihr ein paar Wochen später eine zweite Chance zu geben. Wenn du dich auf die Fragen einlässt, wirst du dich in jedem Fall besser verstehen und so ein Stück weit entspannter und gelassener mit dir selbst umgehen. Du kramst Verdrängtes und Vergessenes aus dem hintersten Teil deines Bewusstseins und deckst Überraschendes und Spannendes über dich selbst auf. Du betrachtest deinen Charakter mal aus einem anderen Blickwinkel und kannst so in ganz neue Richtungen denken.

Ein interessanter Fakt über deine Zukunft

Was denkst du, wie sehr sich deine Persönlichkeit mit all deinen Eigenschaften, Werten und Vorlieben in den letzten zehn Jahren verändert hat? (0 = du bist genauso wie damals; 10 = du bist ein anderer Mensch) Schreib dir diese Zahl auf und beantworte im Anschluss dieselbe Frage für die Veränderungen, die du in den nächsten zehn Jahren erwartest. Lies nicht weiter, bevor du die Frage beantwortet hast ... Die erste Zahl war deutlich höher als die zweite, richtig? Obwohl wir die großen Veränderungen in der Vergangenheit deutlich wahrnehmen, denken, wir, dass sich unsere Persönlichkeit in der Zukunft nur noch minimal verändern wird. Dieses Phänomen nennt sich «Ende-der-Geschichte-Illusion», ein menschlicher Fehlschluss, den der Harvard-Psychologe Dan Gilbert in einer Studie mit 19 000 Teilnehmern über alle Altersklassen beobachten konnte.[16]

Tatsächlich verändert sich deine Persönlichkeit in den nächsten zehn Jahren mit hoher Wahrscheinlichkeit ähnlich stark wie in den zehn Jahren davor. Warum sollte deine Persönlichkeitsentwicklung auch gerade jetzt an Fahrt verlieren? Sei dir dementsprechend bewusst, dass es für die meisten der Wöchentlichen 5 Fragen – vor allem für die tiefgründigen – nicht die einzig wahre Antwort gibt. Einige deiner heutigen Antworten können vollkommen von denen abweichen, die du in ein paar Monaten oder Jahren geben würdest. Aus diesem Grund sind deine Antworten hierbei gar nicht das Wichtigste, sondern die wertvollen Momente, die du auf der Suche danach erlebst – nämlich dann, wenn du in dich hineinhorchst.

**Du selbst zu sein in einer Welt,
die ständig einen anderen aus dir machen will,
ist der größte Erfolg von allen.**

Ralph Waldo Emerson

Gewohnheits-Tracker – Aus guten Vorsätzen werden echte Gewohnheiten

Was passiert eigentlich mit deinen schlechten Angewohnheiten, sobald sie nicht mehr Teil deines Lebens sind? Verschwinden sie einfach? Leider nicht, denn jede Gewohnheit – egal ob alt oder neu – hinterlässt eine feste neuronale Struktur in deinem Gehirn[17], eine Art «neuronale Kassette». Diese Kassette wird in den Gehirnarealen archiviert, die unter anderem für den Aufbau von Gewohnheiten verantwortlich sind, den sogenannten Basalganglien. Da sich das Tonband der neuronalen Kassette nicht mehr löschen lässt, empfiehlt es sich, eine neue Kassette einzulegen, wenn du die Musik darauf nicht mehr hören möchtest. Und jetzt noch mal ohne Kassetten-Analogie: Da alte Gewohnheiten fest im Gehirn verwurzelt sind, kannst du sie am besten loswerden, indem du sie mit neuen positiven überlagerst. Sobald du den Fokus auf die Aufrechterhaltung deiner positiven Gewohnheiten verlierst, können alte, unerwünschte Gewohnheiten wieder aktiviert werden.[18] Um also sicherzustellen, dass du nicht mehr in alte Verhaltensmuster zurückfällst, hilft dir der Gewohnheits-Tracker (S. 92), vorhandene Gewohnheiten aufrechtzuerhalten oder neue zu etablieren. Übrigens: Da gute Gewohnheiten so essenziell für ein gutes Leben sind, ist diesem Thema ein komplettes Kapitel im Theorieteil gewidmet (S. 45).

Monats-Check – Deine Momentaufnahme

Welches Bild zeichnen deine verschiedenen Lebensbereiche momentan, und in welche Richtung entwickeln sie sich? Hier siehst du das große Ganze und kannst wunderbar vergleichen, wie einzelne Aspekte deines Lebens sich verändern. Am Anfang machst du eine Statusaufnahme und beobachtest dann in den nächsten Monaten, wie sich die einzelnen Lebensgebiete entwickeln. Schau es dir doch einfach mal kurz an (S. 90). Wenn du mit einer der Kategorien nichts anfangen kannst, lass sie einfach aus oder ersetze sie durch eine andere, die dir vielleicht fehlt. Scheu nicht davor zurück, dem Tagebuch deinen ganz persönlichen Fingerabdruck zu geben.

Nur die aller-
gescheitesten Leute
benutzen ihren Scharfsinn
zur Beurteilung nicht bloß
anderer, sondern auch
ihrer selbst.

Marie Freifrau von Ebner-Eschenbach

Das Sachbuch

... die theoretischen Prinzipien hinter diesem praktischem Buch

Das Sachbuch ist in drei Teile aufgeteilt. Die Forschung der Positiven Psychologie bildet das theoretische Fundament dieses Tagebuchs. Anschließend werden die Grundprinzipien von Gewohnheiten und Selbstreflexion erklärt. Wer gelernt hat, diese richtig anzuwenden, der kann im Leben erreichen, was er will. Auch wenn dir einige Prinzipien bereits bekannt sein werden, verleitet uns der alltägliche Trubel aus Arbeit, Verpflichtungen und Bedürfnissen allzu oft dazu, diese immer wieder zu vergessen. Das Sachbuch hilft dir beim Verständnis dieser Prinzipien. Das Tagebuch übt mit dir täglich deren Anwendung und Verinnerlichung.

Positive Psychologie

... die Wissenschaft, die Menschen glücklicher macht

Was ist Positive Psychologie? Die psychologische Forschung drehte sich bis zum Ende der neunziger Jahre fast ausschließlich um die negativen Aspekte des menschlichen Lebens. Das Augenmerk wurde auf die Behandlung von psychischen Erkrankungen und Themen wie Angst, Stress und Depressionen gelegt. Einer der Hauptgründe hierfür ist, dass Psychologie als wissenschaftliches Forschungsgebiet immer schon stark von staatlichen Geldern abhängig war. Diese Gelder flossen nach dem Zweiten Weltkrieg fast vollständig in die Behandlung von psychischen Leiden als Folgen der

Kriegszeit. Der Fokus der Psychologie blieb in den 50 darauffolgenden Jahren derselbe. Vergessen wurden dabei die Menschen, die nicht in irgendeiner Form psychisch krank sind. Menschen, die im Großen und Ganzen einigermaßen zufrieden mit ihrem Leben oder sogar ziemlich glücklich sind. Kurzum: «normale» Menschen. Manche Skeptiker werden das lesen und denken, dass normale Menschen doch unglücklich sind. Das ist schlichtweg falsch. Lassen wir die Zahlen für sich sprechen: In einer Zusammenlegung von 146 Studien wurden insgesamt 188 000 Erwachsene (darunter 18 000 Studenten) aus 16 Ländern betrachtet. Der Großteil der Untersuchten bezeichnete sich selbst als «ziemlich glücklich».[19] Natürlich bestätigt auch hier die Ausnahme die Regel: Zeiten des Krieges, der politischen Unterdrückung oder Perioden wie die Apartheid in Südafrika zeichnen ein anderes Bild. Wenn du heute durch die Straßen gehst, kannst du aber getrost davon ausgehen, dass die meisten Menschen, die dir über den Weg laufen, eher glücklich als unglücklich sind. Es wurde zudem festgestellt, dass Glück über alle Altersklassen, Kulturen, Geschlechter und Länder gleich verteilt ist.

Wie macht man Menschen glücklicher?

Was macht das Leben für solche «normalen» Menschen lebenswert oder sogar noch lebenswerter? Wie kann man solche Menschen glücklicher machen, anstatt nur Schäden und Defizite zu reparieren? Würde man das Wohlbefinden eines Menschen auf einer Skala von –10 (todunglücklich) bis +10 (superglücklich) messen, dann wäre die Hauptfrage der Positiven Psychologie banal ausgedrückt:

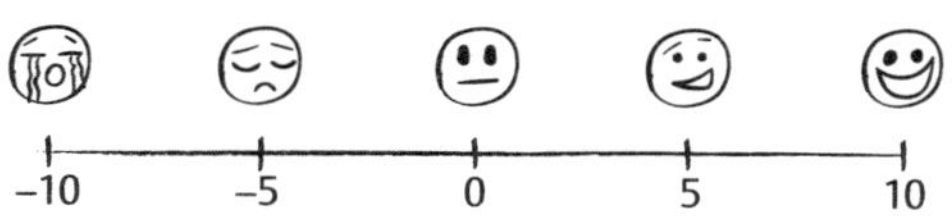

Wie kann man das Wohlbefinden eines Menschen von 1 auf 4 oder 5 auf 8 steigern, statt es von –8 auf –3 oder von –2 auf 0 zu verbessern? **Wie kann man gedeihende Blumen zum Aufblühen bringen statt verwelkende zum Gedeihen?**

Das gute Leben braucht eine eigene Erklärung

Früher ist man davon ausgegangen, dass die Heilung von einer −5 auf eine 0 gleichbedeutend mit der Erlangung von Lebensfreude und Glückseligkeit ist. Studien haben gezeigt, dass es sich dabei um einen Trugschluss handelt. Auch intuitiv ergibt das Sinn: Wer nicht mehr depressiv ist, springt nicht gleich jeden Morgen voller Vorfreude auf den Tag aus dem Bett. Ein glückliches Leben entsteht nicht automatisch durch die Heilung von Krankheiten. Anders ausgedrückt: Eine Null auf der Skala ist etwas grundlegend anderes als alles größer null. Auch das gute Leben muss also untersucht werden und braucht eine eigene Erklärung. Die theoretischen Grundlagen der traditionellen (negativen) Psychologie einfach umzudrehen, hilft hier nicht weiter. Aus diesem Grund befasst sich die Positive Psychologie nicht mit krankheitsorientierter Forschung, sondern konzentriert sich auf das Wohlbefinden der Menschen und erforscht dessen nachhaltige Vergrößerung.

Glück ist machbar, Herr Nachbar!

Die Positive Psychologie steht und fällt mit den wissenschaftlichen Erkenntnissen, auf denen sie basiert. Die Eindeutigkeit dieser Erkenntnisse ist bisher beeindruckend. Zu jeder Theorie gibt es normalerweise eine Gegentheorie. Wissenschaftlich fundierte Gegenmeinungen für die Kernaussagen der Positiven Psychologie sind allerdings bisher nicht auffindbar. Simpel ausgedrückt, hat die Positive Psychologie bisher vor allem Folgendes bewiesen:

1. Dankbarkeit ist von fundamentaler Bedeutung für das persönliche Wohlbefinden.
2. Materielle Faktoren wie Wohlstand oder gesellschaftlicher Status sind langfristig nicht entscheidend für das persönliche Glück.
3. Die Beziehung zu anderen Menschen ist von monumentaler Bedeutung für das persönliche Wohlbefinden.
4. **Glück ist erlernbar. Man kann sich Glück erarbeiten, und es ist keine Frage des Schicksals.**

Das Tagebuch setzt dir keine rosarote Brille auf

Das *6-Minuten-Tagebuch* soll dir helfen, die Gewohnheit zu etablieren, dich auf Dinge zu fokussieren, die dich glücklich machen. Zum anderen soll es dir aber auch dabei helfen herauszufinden, welche Dinge das im Detail sind. Das Ziel des Tagebuchs ist nicht, dass du mit einer rosaroten Brille durch das Leben läufst und jegliche negativen Gefühle negierst oder verdrängst. Deswegen fragst du dich ja auch zum Beispiel jeden Abend, was du Neues gelernt hast.

Du kannst dir die Situationen in deinem Leben nicht schnitzen, aber du kannst die Einstellung schnitzen, die zu den Situationen passt.[20]
Zig Ziglar

Die Devise lautet: Fokus auf Gelegenheiten, nicht auf Hindernisse. Reichlich Optimismus, um dich mit Hoffnung zu versorgen. Eine Prise Pessimismus, um übertriebene Selbstzufriedenheit zu verhindern. Genügend Realismus, um die Dinge, die wir beeinflussen können, von denen zu unterscheiden, die wir nicht kontrollieren können.

Ohne Trauer auch kein Glück

Kennst du jemanden, der unabhängig von seiner Situation oder bestimmten Umständen immer megaglücklich wirkt? Die Wahrscheinlichkeit ist recht hoch, dass das Innenleben dieser Person anders aussieht, denn negative Gefühle zu leugnen, führt auf Dauer zu noch gravierenderen und langfristigen negativen Emotionen.[21] Hast du zum Beispiel schon mal versucht, einen Wasserball unter die Wasseroberfläche zu drücken? Das ist ähnlich effektiv wie der Versuch, deine Gefühle dauerhaft zu unterdrücken. Es kostet dich viel Kraft, den Ball unten zu halten, hat aber nur wenig Wirkung, weil er ohnehin wieder an die Oberfläche gelangt. Genauso wie Was-

Auch das glücklichste Leben ist nicht ohne ein gewisses Maß an Dunkelheit denkbar, und das Wort Glück würde seine Bedeutung verlieren, hätte es nicht seinen Widerpart in der Traurigkeit.[22]
Carl Gustav Jung

serbälle ihren Weg an die Wasseroberfläche finden, wollen Gefühle gefühlt werden.

Unsere heutige Gesellschaft ist geprägt durch Social Media mit Hauptthemen wie: «Ich bin so glücklich, verliebt und sexy!» oder «Hey! Schau mal her! Mein Leben ist cooler als deins!». Eine ganze Generation denkt, dass negative Erfahrungen – Angst, Sorge, Kummer, Schuld et cetera – absolut nicht okay sind. Dadurch werden unangenehme Gefühle gerne beiseitegeschoben und ignoriert, womit man wiederum die Chance verpasst, diese Empfindungen zu verstehen und sich daraus weiterzuentwickeln. Dabei gibt es ohne schlechte letztlich auch keine positiven Emotionen. Ohne Yin gibt es kein Yang, ohne Angst keinen Mut, ohne Dunkelheit kein Licht, ohne Tod kein Leben, ohne Anspannung keine Entspannung und ohne Trauer kein Glück. Um ein glückliches Lebensgefühl zu erreichen, sind negative Emotionen in bestimmtem Maße absolut notwendig und gesund!

Mut ist kein Mangel an Angst oder die Abwesenheit von Angst. Es ist die Beherrschung von Angst, die Kontrolle von Angst.
Mark Twain

Je eher du akzeptierst, dass du negativen Gefühlen nicht gänzlich ausweichen kannst, desto eher hörst du auch auf, deinem persönlichen Glück auszuweichen. Du kannst dein Glück nicht perfektionieren, aber du kannst es maximieren. Durch das *6-Minuten-Tagebuch* wirst du nicht in jeder Sekunde deines Lebens pures Glück empfinden. Bei richtiger Anwendung wirst du allerdings langfristig glücklicher sein als zuvor. Du wirst dich besser kennen, tiefer lieben und deinen Zielen näher sein.

Man muss durch die Nacht wandern,
wenn man die Morgenröte sehen will.

Khalil Gibran

Gewohnheit

... der sichere Weg zu deinem besten Selbst

Der Mensch ist ein Gewohnheitstier. 95 % unserer täglichen Entscheidungen erreichen unser Bewusstsein erst gar nicht.[23] Sie finden im Unterbewusstsein statt und sind gelenkt von Routinen und Automatismen. Durchschnittlich 70 % der täglichen Gedanken sind identisch zu denen vom Vortag, und 40 % unseres Verhaltens werden täglich wiederholt.[24] Entsprechend schwer ist es, das Gewohnheitstier aus seinem gewohnten Trott zu reißen.

> Von Natur aus sind die Menschen fast gleich, erst die Gewohnheiten entfernen sie voneinander.
> *Konfuzius*

Stell dir folgendes Szenario vor: Im Radio läuft ein Gewinnspiel, bei dem man 50 000 Euro gewinnen kann. Die Radiomoderatorin (Petra Meier) ruft irgendwann im Laufe der Woche eine Nummer in deiner Stadt an. Wenn du dich nicht mit deinem Namen, sondern mit dem Namen der Moderatorin meldest, gehören die 50 000 Euro dir. Du hast momentan 45 000 Euro Schulden und könntest sie mit dem Gewinn locker zurückzahlen. Die ganze Stadt ist dem Gewinnspiel-Wahn verfallen, und fast jeder spricht darüber. Du hast diese Woche sowieso frei und hast es geschafft, dich seit Montag bei jedem Anruf mit «Ja, Petra Meier hier» zu melden. Es ist Samstag, 20:13 Uhr, du bist gerade darauf fokussiert, deinen Lieblingsfilm um 20:15 Uhr auf ProSieben zu schauen, und bereitest dir noch schnell ein leckeres Sandwich für den Film vor, als das Telefon klingelt. Dein einziger Gedanke ist, bloß nicht durch das Telefonat den Filmanfang zu verpassen. Du eilst zum Hörer, nimmst ab und ... meldest dich mit deinem eigenen Namen! Natürlich ist Petra Meier am Telefon, du hast verloren. Wie konnte das nur passieren? Die Antwort ist ganz einfach: Dein Gewohnheitstier hat dir gezeigt, wer der Chef ist. Obwohl dir die 50 000 Euro noch so sehr geholfen hätten, sind guter Wille und gute Gewohnheit eben nicht dasselbe.

Zuerst erschaffen
wir unsere
Gewohnheiten,
dann erschaffen
sie uns.

John Dryden

Ein paar Tage waren nicht genug, um deine Gewohnheit zu ändern und das Gewohnheitstier aus seinem gewohnten Gehege zu befreien. Um dies zu bewerkstelligen, braucht es etwa 66 Tage, wie gleich noch genauer erläutert wird. Das Gleiche gilt für andere Verhaltensweisen, die du ändern willst. Deine Lebenseinstellung kannst du erst recht nicht in ein paar Tagen in eine positive Richtung lenken. Auch das *6-Minuten-Tagebuch* wird seine Wirkung auf dein Leben nicht in ein paar Tagen entfalten. Der Wandel kann nur in kleinen Schritten gelingen, aus denen sich neue Gewohnheiten entwickeln.

Willenskraft als limitierte Ressource

Kennst du anstrengende Tage, an denen du jede Menge Entscheidungen getroffen hast und abends ermüdet zu Hause ankommst? Hast du an genau solchen Tagen auch Probleme, deine spontanen Impulse im Zaum zu halten? Du verstößt eher gegen deinen neuen Ernährungsplan, schiebst eher eine wichtige Aufgabe vor dir her oder lässt dich ablenken. Warum ist dieses Phänomen so oft am Ende des Tages zu beobachten?

Roy Baumeister und seine Radieschen

Folgender Versuch des renommierten Sozialpsychologen Dr. Roy Baumeister hilft, etwas Licht ins Dunkel zu bringen: Die Versuchsteilnehmer wurden angewiesen, vor dem Experiment zu fasten, um anschließend einige Zeit in einem Raum mit Süßigkeiten, Schokoplätzchen und Radieschen zu verweilen. Gruppe 1 durfte ohne Einschränkung zulangen, Gruppe 2 durfte nur die Radieschen essen. Im Anschluss sollten beide Gruppen versuchen, ein nicht lösbares Geometrie-Puzzle zu lösen. Gruppe 1 gab nach 20 Minuten auf, während Gruppe 2 schon nach durchschnittlich acht Minuten das Handtuch warf – ein riesiger Unterschied. Der Versuchung von Schokoplätzchen und Süßigkeiten erfolgreich zu widerstehen, kostete so viel Willenskraft, dass danach weniger Energie für die Lösung des Puzzles übrig blieb, und das lag nicht nur daran, dass einige der Teilnehmer hungriger als andere waren. So konnte auch in weiteren Studien bestätigt werden, dass der tägliche Kraftspeicher für unsere Willenskraft eine limitierte Ressource ist.[25] Diese wird nicht nur verbraucht, um Versuchungen zu widerstehen, sondern auch um Entscheidungen zu treffen. Genau aus diesem Grund trug Steve Jobs jeden Tag den gleichen Rollkragenpulli, Barack Obama den gleichen Anzug, Mark Zuckerberg das gleiche T-Shirt und auch Karl Lagerfeld stets das gleiche Outfit. Schon die morgendliche Kleiderwahl oder auch der Kampf mit der Schlummertaste können wertvolle Willenskraft kosten. Da du deine Willenskraft im Laufe des Tages verbrauchst, ist sie oft zum Ende des Tages aufgezehrt. Diesem Phänomen kann man mit guten Gewohnheiten vorbeugen.

Deshalb sind gute Gewohnheiten so unglaublich wertvoll: Mit ihrer Hilfe sparen wir Willenskraft

Genauso wie du nach 1000 Bizepscurls kaum mehr deinen Arm heben kannst, kann auch deine Willenskraft nach zahlreichen Entscheidungen und Versuchungen keine Spitzenleistungen mehr vollbringen. Aus diesem Grund wird nach dem besonders harten Arbeitstag eher zum Ben & Jerry's-Eimer oder dem zweiten Glas Wein gegriffen. Und aus dem gleichen Grund führen exzessive Lernphasen vor der Klausur zu den größten Exzessen am Abend nach der Klausur.

Warum zum Beispiel willst du den ganzen Tag über gesunde Entscheidungen treffen? Warum jede kleine Entscheidung abwägen? Trinke ich jetzt eine Cola oder ein Wasser? Mache ich jetzt eine Trainings-Session oder eine Netflix-Session? Esse ich jetzt einen Salat oder einen Cheeseburger? Ist es nicht viel einfacher, einmal die Gewohnheit gesunder Ernährung zu etablieren, um danach von all den inneren Entscheidungskämpfen befreit

> **Motivation lässt dich loslegen.**
> **Die Gewohnheit lässt dich weitermachen.**[26]
>
> *Jim Rohn*

zu sein? Dasselbe gilt für jeden anderen Lebensbereich: Natürlich kostet es anfangs Willenskraft, eine neue Gewohnheit einzuüben. Sobald diese Gewohnheit aber richtig verwurzelt ist, kannst du die Hände vom Entscheidungs-Lenkrad und den Fuß vom Willenskraft-Gaspedal nehmen. **Jetzt kannst du in Ruhe deinen Gewohnheits-Tempomat laufen lassen und mühelos die tollen Dinge tun, die dir noch kurze Zeit zuvor so viel Kraft und Anstrengung raubten.**

Durch die regelmäßige Nutzung des *6-Minuten-Tagebuches* wird eine optimistische Grundeinstellung zur Gewohnheit. Jetzt musst du nicht jedes Mal aufs Neue wertvolle Willenskraft verschwenden, um die Probleme in deinem Leben als verkleidete Möglichkeiten zu betrachten, sondern machst das automatisch. Rituale und gefestigte Automatismen erleichtern das Leben, weil sie den Denkapparat nicht unnötig belasten. Je weniger kleine Entscheidungen du im Laufe des Tages treffen musst, desto effektiver triffst du die wichtigen und schwierigen Entscheidungen. So bleiben genug Zeit und Gehirnkapazität für die Kür des Tages übrig.

Die Wissenschaft sagt: 66 Tage bis zur Gewohnheit

Die Psychologin Dr. Phillippa Lally entwickelte ein Experiment, um herauszufinden, wie lange es dauert, neue Gewohnheiten fest zu etablieren. Knapp 100 Personen im Durchschnittsalter von 27 Jahren nahmen an der Studie teil. Sie sollten sich eine gesunde Routine aneignen und diese 84 Tage in Folge täglich ausführen. Sie konnten wählen zwischen täglich 15 Minuten spazieren gehen, mittags immer ein Stück Obst essen oder jeden Morgen 50 Sit-ups machen. Bei der Auswertung stellte sich heraus, dass die Phase vom bewussten Ausführen einer Tätigkeit bis zur automatisierten Gewohnheit, also der Ausführung, ohne darüber nachdenken zu müssen, im Durchschnitt 66 Tage dauerte.[27] Dieser Prozess dauert bei komplexen Gewohn-

Achte auf deine Gedanken, denn sie werden Worte.
Achte auf deine Worte, denn sie werden Taten.
Achte auf deine Taten, denn sie werden Gewohnheiten.
Achte auf deine Gewohnheiten, denn sie werden dein Charakter.
Talmud

heiten etwas länger als bei einfachen. Eine einfache Gewohnheit war hier, mittags immer ein Stück Obst zu essen. Jeden Morgen 50 Sit-ups auszuführen, war eine komplexere Gewohnheit. Wer ausnahmsweise mal ein oder zwei Tage aussetzte, erreichte letztlich trotzdem das Ziel. Das Haus zum Glück kann man mit dem *6-Minuten-Tagebuch* also auch fertigstellen, wenn man mal einen oder zwei Tage keinen Stein legt. Kurz und bündig:

1. Nach durchschnittlich 66 Tagen ist eine Gewohnheit Teil deines Lebens.
2. Vereinzelte Tagespatzer werden dir verziehen.

Das Besondere am *6-Minuten-Tagebuch* ist, dass jeder einzelne Abschnitt der Morgen- und Abendroutine automatisch die Verwurzelung einer neuen, vorteilhaften Gewohnheit nach sich zieht. Da dich das Tagebuch fast ein halbes Jahr lang begleitet, hast du ausreichend Zeit, um diese zu festigen. Du spinnst dir jeden Morgen und jeden Abend ein paar neue Fäden, um dein Leben mit einem Netz positiver Gewohnheiten zu bedecken.

Willenskraft ist genauso trainierbar wie dein Bizeps

Was passiert in diesen 66 Tagen? Der präfrontale Cortex ist in deinem Gehirn für die Selbstkontrolle zuständig. Hier lebt deine Willenskraft. Die kannst du, genau wie einen Muskel, in einem bestimmten Maß aufbauen. Wenn du die Aktivität in einem Hirnareal hochfährst, führt das zu Wachstum und Restrukturierung deiner neuronalen Verbindungen. Das Areal wird also tatsächlich physisch größer.[28] Was man beim Hanteltraining Muskelaufbau nennt, ist beim zentralen Nervensystem (Gehirn und Rückenmark) die sogenannte Neuroplastizität. Möchtest du jeden Morgen zwei Stückchen Obst essen oder meditieren, sind deine neuronalen Denkwege durch Neuroplastizität also nach etwa 66 Tagen neu darauf umprogrammiert. Die «Installation» in deinem Gehirn ist abgeschlossen und lässt sich zunächst nicht so leicht wieder rückgängig machen. Dasselbe gilt für eine positive Grundeinstellung. Hierfür kannst du dein Gehirn in analoger Weise verdrahten.

Zinseszins-Effekt

Albert Einstein wurde einmal gefragt: «Was ist die stärkste Kraft im Universum?» Seine spontane Antwort war: «Der Zinseszins.» Als Warren Buffett – der wohl erfolgreichste Investor aller Zeiten – nach seinem wichtigsten Erfolgsfaktor gefragt wurde, gab er dieselbe Antwort. Damit könnten diese beiden bekanntermaßen überaus klugen Herren nicht ganz unrecht gehabt haben: Wenn du jeden Tag 1 % besser wirst, sind das mit täglicher Aufzinsung 3800 % pro Jahr. Wer bei einem Zinssatz von 5 % pro Jahr zu Beginn 10 000 Euro anlegt, hat nach einem Jahr 10 500 Euro, nach 20 Jahren sind es bereits knapp 27 000 Euro. Wir alle kennen den Zinseszins-Effekt und seine Bedeutung für unser Sparbuch. Von diesem Effekt kann man aber auch profitieren, ohne Geld anzulegen, denn bei menschlichen Gewohnheiten entstehen dieselben Wachstumseffekte. Die Zinsen entsprechen den kleinen Schritten, die wir jeden Tag tun. Die Resultate aus diesen kleinen Schritten wachsen im Verhältnis zur Zeit exponentiell. Es sind nicht die wenigen galaktischen Entscheidungen, die uns glücklich und erfolgreich machen, sondern die vielen kleinen.

Um Himmels Willen, praktiziere dich in kleinen Dingen und schreite weiter zu großartigen.
Epiktet

Ein praktisches Beispiel: Jeden Tag zehn Minuten über das Thema «persönliche Weiterentwicklung» zu lesen, macht kurzfristig keinen großen Unterschied in deinem Leben. Nach einem Monat führt es dich jedoch bereits zu ersten gravierenden Erkenntnissen. Eine solche Erkenntnis kann zum Beispiel sein, dass du mehr Dankbarkeit und Wertschätzung in dein Leben integrieren möchtest. Einen weiteren Monat später stößt du bei deinen täglichen zehn Minuten auf das vor dir liegende *6-Minuten-Tagebuch*. Du entscheidest dich zum Kauf und bist dir sicher, dass deine täglichen Minuten zum Thema «persönliche Weiterentwick-

Der Zinseszins
ist das 8. Weltwunder.[29]

Albert Einstein

lung» hier von nun an gut investiert sind – du sparst sogar täglich vier Minuten. Drei Monate später sind mehr Dankbarkeit und Wertschätzung bereits fester Bestandteil deines Lebens, und auf Dauer hast du deshalb bessere Beziehungen, mehr Lebensfreude und gehst optimistischer durch den Tag. Du schläfst besser, gehst besser mit den Belastungen deines Lebens um, erreichst deine Ziele und führst ein längeres und erfüllteres Leben. **Zu Beginn sind die Effekte minimal, mit der Zeit werden sie kolossal!**

Aus einer guten Gewohnheit werden ganz schnell mehrere

Eine weitere Parallele zwischen Zinseszins und Gewohnheiten: Ist der erste Schritt gemacht, folgen weitere meist ganz von allein. Haben wir eine gute Gewohnheit erst einmal etabliert, agiert diese oftmals als Nährboden, dem automatisch weitere Gewohnheiten entspringen. Das funktioniert genauso wie der Zinseszins auf der Bank, der ebenfalls von allein arbeitet, sobald das Geld einmal angelegt ist. Um die Analogie zur Finanzwelt fortzuführen, kann man sagen, dass verschiedene Gewohnheiten auch unterschiedlich hohe Zinssätze haben. Daher sind manche Gewohnheiten eine wesentlich bessere Investition deiner Energie, Disziplin und Willenskraft als andere. Solche hochverzinsten Gewohnheiten werden auch als «Schlüsselgewohnheiten»[30] bezeichnet, und unstrittige Beispiele hierfür sind Sport, Meditation, Lesen oder Schreiben. Einmal ins Leben geholt, entwickeln sie eine gewaltige Eigendynamik. Sie breiten sich in andere Lebensbereiche aus und erleichtern so den Aufbau weiterer wünschenswerter Gewohnheiten. Warum willst du etliche neue Gewohnheiten aufbauen, wenn dich bereits einige wenige zu deinen Zielen tragen können? Mit dem *6-Minuten-Tagebuch* holst du mit minimalem Initialaufwand viele neue vorteilhafte Gewohnheiten in dein Leben. Diese neuen Gewohnheiten sind zum Beispiel Dankbarkeit, gesunder Optimismus, Achtsamkeit oder Wachstum durch tägliche Reflexion. Du etablierst also eine elementare Schlüsselge-

> Man sollte vor allem in sich selber investieren. Das ist die einzige Investition, die sich tausendfach auszahlt.[31]
> *Warren Buffett*

wohnheit, die mit der Zeit mühelos andere gute Gewohnheiten nach sich zieht.

Studien von Roy Baumeister bestätigen dies. In einer dieser Studien wollte er erreichen, dass die Studienteilnehmer einen gesünderen Lebensstil entwickeln. Statt ihnen in aller Ausführlichkeit zu erklären, wie sie gesünder zu leben haben, ließ er sie zwei Monate lang Gewichte stemmen. Aus einer positiven Gewohnheit wurden automatisch weitere: Die Teilnehmer aßen gesünder, reduzierten ihren Alkoholkonsum, lernten mehr für die Uni und räumten sogar häufiger zu Hause auf. Kennst du das von dir selbst? Wann hast du das letzte Mal etwas Positives zur Gewohnheit gemacht? War es nicht auch so, dass weitere gute Gewohnheiten automatisch folgten?

Quintessenz

Lass dich von deinen Gewohnheiten zu deinen Zielen tragen und nutze das *6-Minuten-Tagebuch* täglich. Zum persönlichen Erfolg gibt es keinen Lift. Man muss die Treppen benutzen.

Selbstreflexion

... wo du gerade stehst und was genau dich glücklich macht

Was haben alle Teile der Morgen- und Abendroutine im *6-Minuten-Tagebuch* gemeinsam? Richtig, sie steigern bei richtiger Anwendung Schritt für Schritt deine persönliche Lebensfreude. Um dies überhaupt erst zu ermöglichen, setzt jede Komponente der Tagesroutine wertvolle Reflexionsprozesse in Gang.

Was ist ein Reflexionsprozess?

Reflexion ist eine Aktivität, bei der vergangene, gegenwärtige und zukünftige Handlungen im Denken verbunden werden. Nicht der Inhalt der Gedanken, sondern der Denkprozess ist dabei entscheidend (behalte dies vor allem für die wöchentlichen fünf Fragen im Hinterkopf). In diesem Prozess werden Handlungen vor dem Hintergrund vergangener Erfahrungen oder gesetzter Ziele beurteilt. Aus dieser Beurteilung ergeben sich Optionen und Entscheidungen über das weitere Vorgehen.[32] Stell dir vor, du könntest mit einem Fahrstuhl in dein Unterbewusstsein hinabfahren und dich in aller Ruhe in der Schaltzentrale umschauen. Dort kannst du all die Mechanismen und Muster betrachten, die dein Handeln, Denken und Fühlen, deine Wahrnehmung und deine Entscheidungen bestimmen. Als Ergebnis dieses Prozesses kannst du eine optimale Entscheidungsgrundlage für jede angestrebte Verhaltensänderung in deinem Leben kreieren.

Und was sagt die Wissenschaft dazu?

Sie sagt, dass Menschen mit qualitativ hochwertiger Selbstreflexion Vorteile in so ziemlich allen Lebensbereichen haben. Sie planen besser, sind disziplinierter und fokussierter, können besser mit ihren Emotionen umgehen, treffen besser überlegte Entscheidungen und sind in der Lage, Probleme besser zu antizipieren.[33]

> Man kann einem Menschen nichts beibringen, man kann ihm nur helfen, es in sich selbst zu entdecken.
>
> *Galileo Galilei*

Selbstreflexion als Voraussetzung für persönliche Weiterentwicklung

Wie willst du dich verbessern und deine Lebensfreude steigern, wenn du dich selbst nicht richtig verstehst? Je genauer du dich selbst kennst und je offener der interne Dialog mit dir selbst stattfindet, desto besser ist die Straße deiner persönlichen Weiterentwicklung asphaltiert. Um sich nicht in der eigenen Perspektive zu verfangen und in alten Denkmustern zu verharren, ist es äußerst hilfreich, das eigene Verhalten regelmäßig aus der Vogelperspektive zu betrachten. Wer langfristig glücklich sein möchte, muss sich kontinuierlich verändern. Unsere Emotionen agieren oftmals wie Zwangsjacken, die jegliche Veränderung bekämpfen. Sie lenken uns in eine bestimmte Richtung, ohne dass wir uns darüber bewusst sind. Bewusste Selbstreflexion kann hier der Startpunkt der Veränderung sein. Sie erlaubt dir, die Fähigkeit zu entwickeln, dich nicht mit deinen Gefühlen zu identifizieren. Mit ihr kannst du Abstand von deinem Gedankenkarussell und deiner Gefühlswelt nehmen. Je öfter du das tust und über dich selbst reflektierst, desto leichter wird es dir auch fallen. Dabei helfen dir vor allem die tägliche Abendroutine, die wöchentlichen Fragen und der gelegentliche Blick in die Einträge der letzten Tage und Wochen.

Wertvolle Minuten für noch wertvollere Fragen

Werden dir wichtige Dinge nicht auch erst klar, wenn du ungestört vom Alltagstrubel in Ruhe darüber nachdenken kannst? Im täglichen Stress prasseln so viele Eindrücke auf dich ein, dass es kaum möglich ist, schwierige Fragen vernünftig zu beantworten. In solchen Situationen ist es schwer zu unterscheiden, was gerade eine Reaktion auf deine Umwelt und was dein eigener Gedanke ist. Wofür bist du dankbar, und was macht dich glücklich? Wie kannst du mehr davon in dein Leben integrieren? Wenn man sich nicht regelmäßig Zeit dafür nimmt, bleiben diese Fragen meist unbeantwortet. Deshalb ist die Nutzung des Tagebuchs direkt nach dem Aufstehen und vor dem Schlafengehen auch so ratsam. Zu diesen Zeiten bist du ungestört und frei von äußeren Einflüssen.

VISA – Ohne Reflexion kein Erfolg

Wenn jemand irgendwo auf der Welt nach seiner Kreditkarte greift, hat er in mehr als der Hälfte der Fälle eine VISA-Karte in der Hand. Jeder kennt VISA, aber kaum jemand kennt Dee Ward Hock, der das Unternehmen 1968 gründete. Der jahrzehntelange VISA-Chef gilt als Vorreiter der Wirtschaftswelt, und nachdem er sich viele Jahre mit Managementfragen auseinandergesetzt hatte, ist er nun bereits seit 50 Jahren fest davon überzeugt, dass Selbstreflexion der Schlüssel zum Erfolg ist. Seiner Ansicht nach sollten etwa 50 % der Zeit für Selbstmanagement genutzt werden, um so die Ziele, Motive und Werte sowie das eigene Verhalten besser zu verstehen und zu verfolgen.

Selbstreflexion als kontinuierlicher Prozess

Wir wachen selten auf und bemerken plötzlich fundamentale Veränderungen in uns. Wie Meersand, der sich langsam und stetig zu neuen Konturen und Formen verwandelt, ist auch unsere Identität einem schleichenden und kontinuierlichen Wandel ausgesetzt. Daher gibt es auch keine permanent gültigen Antworten auf die wichtigen Fragen des Lebens. Zum Beispiel interessiert sich in jungen Jahren niemand für eine gute Rente, während die finanzielle Absicherung zehn bis 15 Jahre später schon für enorme Zufriedenheit sorgen kann. Im Alter von 18 Jahren kann dich etwas anderes glücklich machen als zehn Jahre später. Aus demselben Grund bemerken wir radikale Veränderungen oftmals erst Monate, Jahre oder sogar Jahrzehnte, nachdem sie stattgefunden haben. Je intensiver du den kontinuierlichen Wandel in dir verfolgst und verstehst, desto bessere Entscheidungsgrundlagen kreierst du auch für dich selbst. Eine fundierte Selbstreflexion findet nicht über Nacht statt und ist keine einmalige Angelegenheit. Es ist ein fortwährender Pro-

> Es ist ein großer Fehler zu denken, dass ein Mensch immer gleich ist. Ein Mensch ist nie lange derselbe. Er verändert sich ständig. Nicht einmal für eine halbe Stunde bleibt er derselbe.
> *Georges I. Gurdjieff*

zess, eine kontinuierliche Unterhaltung mit dir selbst. Und wie bei jeder Unterhaltung können die Qualitätsunterschiede beträchtlich sein. Die einmalige Beantwortung von Fragen wie «Was macht dich glücklich?» oder «Wofür bist du am meisten dankbar?» auf oberflächlicher Ebene wird kaum einen anhaltenden Effekt mit sich bringen. Mit dem *6-Minuten-Tagebuch* gehst du tiefer in dich und praktizierst täglich spezifische Selbstreflexion auf höchstem Niveau.

Ich weiß doch eigentlich schon, was ich will ...

Du denkst bestimmt, du weißt es: gutes Essen, mehr Geld, Unabhängigkeit, eine tolle Familie, (mehr) Sex, Macht, Spaß, Abwechslung, Urlaub und dergleichen. Ja sicherlich, auf ganz abstrakter Ebene weißt du, was du willst. Aber was willst du ganz konkret? Welche ganz konkreten Aktivitäten im Laufe deines Tages führen dich zu deinem persönlichen Glück? Welche kleinen Handlungen musst du täglich durchführen, um dein Leben erfüllender zu gestalten? Mit dem *6-Minuten-Tagebuch* identifizierst du genau diese konkreten Aktivitäten. **Kleine Taten, die man ausführt, sind besser als große, die man plant.** Durch das Aufschreiben merkt sich das Unterbewusstsein diese Taten und schleppt sie mit, wo auch immer du bist (siehe ARAS, S. 72). Je öfter du das tust, desto selbstverständlicher werden diese Handlungen Teil deines Alltags und Teil von dir.

Die Frage, was genau du willst, wird immer wichtiger ...

Alte Berufe verschwinden und neue entstehen. Altes Wissen verliert an Wert, und neue Fähigkeiten sind gefragt. Durch das Internet hat jeder Zugang zu Wissen, daher ist lebenslanges Lernen heutzutage wichtiger als je zuvor. Gestern wurde gelobt, wer seinem Arbeitgeber ein Leben lang treu blieb, heutzutage ist der eine Job fürs Leben eine Seltenheit. Früher blieb man an einem Ort, heute ist örtliche Flexibilität schon fast ein Muss. Die meisten unserer Eltern haben nach ihrer Ausbildung einen Beruf ergriffen und üben diesen bis jetzt aus oder haben ihn bis zum Rentenalter ausgeübt. Heute wechseln viele zwischen 18 und 30 ihre Karrierepläne häufiger als ihre Unterwäsche. Der Wechsel von Studiengängen, Berufsrichtungen und Arbeitgebern ist Standard. Die überwältigende Vielzahl an beruflichen Möglichkeiten macht die Entscheidung für einen festen Pfad immer schwieriger. Dasselbe gilt für alle anderen Entscheidungen im Leben. Es gibt etliche Bücher zu ein und demselben Thema, etliche Produkte mit ein und demselben Inhalt, etliche Anbieter für ein und dieselbe Dienstleistung. **Es gibt immer mehr Möglichkeiten, und gleichzeitig hat man immer weniger Zeit. Man sieht den Wald vor lauter Bäumen nicht mehr.**

Aufgrund der schier unendlichen Vielzahl an Möglichkeiten und Lebenswegen ist es umso wichtiger herauszufinden, was genau dich glücklich macht. Harvard-Psychologe Dan Gilbert fand in jahrzehntelanger Forschung heraus, dass unser Urteil darüber, was uns in der Vergangenheit glücklich gemacht hat, extrem ungenau ist. Wenn wir uns daran erinnern, was uns glücklich gemacht hat, tendieren wir dazu, wichtige Details auszulassen und Details dazuzuerfinden, ohne uns dessen bewusst zu sein.[34] Wir fälschen unsere Erinnerung, um ein positives Bild der Gegenwart oder der Zukunft zu bewahren, oder wir erinnern uns schlichtweg nicht mehr richtig. Unsere fehlerhafte Erinnerung verzerrt also die Vorstellung davon, was uns wirklich glücklich macht. Mit der Nutzung des *6-Minuten-Tagebuches* tappst du nicht so leicht in diese Falle, denn wie kannst du dir besser merken, was dich glücklich macht, als es täglich niederzuschreiben? Wofür bist du dankbar, und welche Ereignisse haben deinen Tag erfüllt? Indem du dir diese Fragen täglich beantwortest, stößt du immer wieder genau die richtigen Denkprozesse an und reproduzierst so dein eigenes Glücksmosaik. Das *6-Minuten-Tagebuch* öffnet dir die Tür, um herauszufinden, was genau dich im Leben glücklich macht. Hindurchgehen musst du selbst.

Der beste Weg, die Zukunft vorauszusagen,
ist, sie zu gestalten.

Willy Brandt

Die Morgenroutine

... und warum du mit ihr perfekt in den Tag startest

Wie man in den Tag startet, so wird er oftmals auch. Die Morgenroutine im *6-Minuten-Tagebuch* führt gezielt zur Dopaminausschüttung und macht dich wach. So kannst du die ersten Momente des Tages nutzen, um deine Batterie direkt mit positiver Energie für den Tag aufzuladen und produktiv zu starten. Es ist wie das Zielen mit Pfeil und Bogen: Du richtest dich auf deinen Tag aus, spannst den Bogen und bist den ganzen Tag über bereit, alle deine Ziele zu attackieren. Egal, wann du aufstehst, die Morgenroutine ist die entscheidendste aller Routinen. Eine erfolgreiche Person ohne festes Morgenritual zu finden, ist wie die Suche nach der Nadel im Heuhaufen. Aber du warst wahrscheinlich noch nie so der Morgenmensch oder hast morgens gar keine Zeit, bevor du das Haus verlässt? Dann lies dir doch bitte kurz die folgenden Morgenroutinen von Menschen durch, die allesamt beschäftigter sind als so manch Normalsterblicher auf diesem Planeten.

Die erste Morgenstunde ist das Steuerruder des Tages.
Aurelius Augustinus

Barack Obama: Der ehemalige Präsident der Vereinigten Staaten startet sein Morgenritual grundsätzlich zwei Stunden vor seinem ersten offiziellen Termin des Tages und lässt bis dahin keinerlei Einfluss durch Medien oder Nachrichten zu. Er betreibt sechsmal pro Woche 45 Minuten lang Cardio- und Gewichtstraining, und nach dem Training frühstückt er gemeinsam mit seiner Familie. Über seinen Morgen sagt er: «Mein restlicher Tag ist sehr viel produktiver, wenn ich meiner morgendlichen Routine gefolgt bin.»

Kein Mensch ist so beschäftigt, dass er nicht die Zeit hat, überall zu erzählen, wie beschäftigt er ist.[35]
Robert Lembke

Arianna Huffington: Die Chefredakteurin der Online-Zeitung HuffPost wird aufgrund ihres großen Einflusses oft als die «Königin der Blogger» bezeichnet. Ihr Tag beginnt mit Atemübungen, 30-minütiger Meditation und dem Aufschreiben von drei Dingen, für die sie dankbar ist. Im Anschluss legt sie beim morgendlichen Kaffee ihre Tagesziele fest. Die positiven Auswirkungen von Meditation auf ihr Leben haben sie so überzeugt, dass sie ihren Mitarbeitern kostenlos wöchentliche Meditationskurse anbietet. Während ihrer Morgenroutine vermeidet sie den Blick auf das Smartphone möglichst lange.

Jack Dorsey: Er ist der Erfinder und Mitgründer von Twitter und Square. Als Geschäftsführer von zwei Milliardenunternehmen arbeitet er 16 Stunden am Tag, acht davon für Square und acht für Twitter. Trotzdem nimmt er sich konsequent jeden Morgen um 5:30 Uhr die Zeit, um 30 Minuten zu meditieren und anschließend zehn Kilometer zu joggen oder 30 Minuten lang zu trainieren.

Die Liste kann beliebig lang fortgesetzt werden: Bill Gates, Maya Angelou, Richard Branson, Oprah Winfrey, Woody Allen, Cameron Diaz, Stephen King, Michelle Obama, Tim Ferriss, Hillary Clinton, Sylvester Stallone, Heidi Klum, Günther Jauch ... sie alle haben Morgenroutinen. Dabei ist dies kein Phänomen des 21. Jahrhunderts: Marcus Aurelius, Benjamin Franklin, Ludwig van Beethoven, Johann Wolfgang von Goethe, Vincent van Gogh, Sigmund Freud, Ernest Hemingway, Franz Kafka, Agatha Christie, Charles Darwin, Mark Twain, Immanuel Kant und viele andere kannten schon lange vor unserer Zeit den Wert eines festen Morgenrituals. Sie alle nehmen oder nahmen sich morgens zuerst Zeit für sich selbst. Denkst du immer noch, dass du morgens keine drei Minuten in dein Wohlbefinden investieren kannst?

Wenn dich das Thema interessiert, kannst du dir unter 6minutenverlag.de das E-Book «Die goldene Morgenroutine» herunterladen. Diese Ergänzung zum *«6-Minuten-Tagebuch»* enthält nicht nur 25 weitere Morgenroutinen, sondern auch Studien und wissenschaftliche Tipps, um die Morgenroutine aufzubauen, die für dich am besten funktioniert.

Nimm dir morgens Zeit für dich selbst

Nicht ohne Grund wird man im Flugzeug darauf hingewiesen, sich zuerst selbst eine Sauerstoffmaske aufzusetzen. Wenn man keine Luft bekommt, kann man auch keinem anderen helfen. Im Alltag gilt Ähnliches: Sobald du das Haus verlässt, steht deine Energie zumeist im Dienste anderer Menschen. Umso sinnvoller ist es, dass du dich davor um deine eigenen Bedürfnisse kümmerst. Auf diese Weise lädst du deine Batterie für den Tag bis zum Anschlag auf, anstatt den Energievorrat schon morgens aufzuzehren. Das ist alles andere als egoistisch, da du so letztlich noch viel mehr geben kannst. Wenn du also das nächste Mal «zu müde» bist, schreib trotzdem in das *6-Minuten-Tagebuch*. Wenn du das nächste Mal zu spät aufgestanden bist, schreib trotzdem in das *6-Minuten-Tagebuch*.

Reagierst du, oder agierst du?

Der proaktive Mensch sagt: «Ich will», «Ich nehme mir Zeit dafür» oder «Ich frage jemanden, damit ich weiß, wie das geht». Ein reaktiver Mensch sagt hingegen: «Ich muss», «Ich habe keine Zeit dafür» oder «Das kann ich nicht». Den Tag proaktiv zu beginnen, bedeutet, ihn selbstbestimmt und gestaltend zu beginnen.

Ein Großteil der Bevölkerung startet den Tag reaktiv. So schauen 78 % aller Handybesitzer in den ersten 15 Minuten nach dem Aufstehen auf ihr Handy.[36] Hierbei fällt der erste Blick zumeist auf Dienste wie Facebook, Instagram oder WhatsApp und den E-Mail-Eingang. Um die eigenen Gedanken nicht schon früh am Morgen durch das Leben anderer zu verfärben, sind solche reaktiven Aktivitäten zu vermeiden. Fokussiere dich morgens

Deine erste Pflicht ist, dich selbst glücklich zu machen. Bist du glücklich, machst du auch andere glücklich.

Ludwig Andreas Feuerbach

zunächst auf dich selbst, um dich im Laufe des Tages besser auf alles andere fokussieren zu können.

Egal wie vielbeschäftigt sie sind, die wenigsten erfolgreichen Menschen beginnen den Morgen mit reaktiven Aktivitäten. Sie beantworten nicht als Erstes E-Mails, sie schauen nicht sofort auf ihr Handy, um Nachrichten zu beantworten. Sie starten ihren Tag proaktiv. Mit dem Aufschlagen des *6-Minuten-Tagebuches* als erste Amtshandlung des Tages begibst du dich auf proaktives Terrain erster Klasse. Die Samen, die du morgens für dich und deinen Tag säst, kannst du noch am selben Tag ernten.

Frauen in Japan

Frauen, die in Japan leben, haben mit 87 Jahren die weltweit höchste durchschnittliche Lebenserwartung.[37] Voller Optimismus gehen wir davon aus, dass auch du locker 87 Jahre alt wirst. Entsprechend umfasst dein Erwachsenenleben (von 18 bis 87) 25 000 Tage und ein paar Zerquetschte.

25 000-mal morgens aufstehen! Wie viele dieser Morgen sind schon an dir vorbeigezogen? Welch immensen Effekt könnte die Etablierung einer sinnvollen Morgenroutine für dich haben? Nutze kurz deine Vorstellungskraft und mal dir diesen Effekt selbst aus ...

Mit dem *6-Minuten-Tagebuch* steht bereits ein positiver Eckpfeiler deiner Morgenroutine. Schlage es auf und stehe so Morgen für Morgen garantiert mit dem richtigen Fuß auf. Stell dich morgens direkt an dein Steuerruder und drehe es in Richtung eines erfolgreichen Tages.

Deine Dankbarkeit 1

Die immense Wichtigkeit von Dankbarkeit ist eines der wenigen Themen auf diesem Planeten, über das sich sowohl Atheisten, Anhänger aller Weltreligionen wie auch Wissenschaftler einig sind.

Wer dankbar ist, kann positive Gefühle mehr genießen und erlebt langfristig weniger negative Gefühle wie Wut, Schuld, Trauer, Angst, Neid oder Sorge. Wer dankbar ist, hat ein erhöhtes Selbstwertgefühl und kann leichter mit Belastungen und Stress umgehen. Wer dankbar ist, schläft besser.[38] Wer dankbar ist, verhält sich hilfsbereiter und stärkt auf diese Weise seine sozialen Bindungen. Wer dankbar ist, kann leichter gute persönliche Beziehungen aufbauen und aufrechterhalten.

Interessanterweise musst du Dankbarkeit nicht explizit gegenüber deinen Mitmenschen zum Ausdruck bringen, um diese positiven Effekte zu erzielen. Studien (wie die auf der nächsten Seite beschriebene) zeigen, dass es ausreicht, wenn du darüber schreibst. Ebenso ist es auch nicht entscheidend, ob du extrem dankbar oder nur ein wenig dankbar bist. Für den Effekt auf dein Wohlbefinden und deine Lebensfreude ist primär wichtig, dass du überhaupt in irgendeiner Form regelmäßig Dankbarkeit empfindest. Hast du dies erst einmal geschafft, ist ein positiver Kreislauf in Gang gesetzt, der nach und nach automatisch die Vorteile von bewusster Wertschätzung in dein Leben integriert. Nutze das Buch in deiner Hand, um tägliche Dankbarkeit zu praktizieren.

Dankbarkeit ist nicht nur die größte aller Tugenden, sondern auch die Mutter von allen.
Marcus Tullius Cicero

Oprah Winfrey über ihr Dankbarkeitstagebuch

Oprah moderierte eine der erfolgreichsten amerikanischen Talkshows aller Zeiten, sie ist die Geschäftsführerin von Harpo Productions und eine der einflussreichsten und beliebtesten Frauen der Welt. Seit 1996 schreibt sie jeden Morgen nach dem Aufstehen fünf Dinge auf, für die sie dankbar ist. Über die Entscheidung, ein Dankbarkeitstagebuch zu führen, sagte sie im Jahr 2012: «Dies war der wichtigste Schritt, den ich in meinem gesamten Leben gemacht habe!» Über die Bedeutung von Dankbarkeit sagt sie außerdem: «Egal, was gerade in deinem Leben vorgeht: Wenn du dich darauf konzentrierst, was du hast, wirst du letztlich immer mehr haben als zuvor. Wenn du dich darauf konzentrierst, was du nicht hast, wirst du nie, nie, nie genug haben.» [39]

Einer von vielen Beweisen: Die Nutzung des *6-Minuten-Tagebuches* macht dich glücklicher

Dr. Martin Seligman ist der Begründer der Positiven Psychologie, und seine Forschung zur Maximierung von persönlichem Glück ist seit Jahrzehnten in Expertenkreisen anerkannt. In einer seiner bekanntesten Studien führten knapp 600 Probanden jeweils eine Woche lang eine von fünf verschiedenen Maßnahmen zur Glücksmaximierung durch. Die einzigen beiden erfolgreichen Maßnahmen waren:[40]

1. Täglich tolle Dinge aufschreiben, die im Laufe des Tages passiert sind; das Äquivalent dazu findest du im letzten Teil der Abendroutine.
2. Täglich Dankbarkeit in Form eines Dankbarkeitsbriefes ausdrücken; dieser Teil entspricht in abgewandelter Form dem ersten Teil der Morgenroutine.

Jetzt kommt der Clou: Folgetests eine Woche sowie ein, drei und sechs Monate später zeigten, dass die Teilnehmer jedes Mal erneut noch glücklicher waren als beim Test zuvor. Eine Woche täglicher Ausführung reichte also bei allen Studienteilnehmern aus, um sich auch noch nach sechs Monaten messbar glücklicher zu fühlen. Wenn der Langzeiteffekt bereits nach einer Woche so maßgeblich ist, kannst du dir vorstellen, welchen Effekt die tägliche Nutzung über einen längeren Zeitraum für die Steigerung deines Wohlbefindens haben kann. Könnte man Dankbarkeit in Pillenform erwerben, würden wir wohl über das meistverkaufte Medikament aller Zeiten sprechen. Bis diese Pille entwickelt wird, ist das *6-Minuten-Tagebuch* ein sehr guter Startpunkt.

Nicht die Glücklichen sind dankbar.
Es sind die Dankbaren, die glücklich sind.

Francis Bacon

Dankbarkeit lenkt den Fokus auf das Gute im Leben

Die Integration von Dankbarkeit in dein Leben sowie die Entwicklung einer optimistischen Grundeinstellung gehen Hand in Hand. Wie oft denkst du täglich an die guten Dinge in deinem Leben, an die Geschenke, die jeder Tag dir zu bieten hat? Wie oft denkst du an die schönen, kleinen Dinge? Und wie oft ärgerst du dich über Dinge, die eigentlich Belanglosigkeiten sind?

> In jede hohe Freude mischt sich eine Empfindung der Dankbarkeit.
> *Marie von Ebner-Eschenbach*

In unserer heutigen Gesellschaft, geprägt von Schnelllebigkeit und Leistungsdruck, bleibt oft keine Zeit für Dankbarkeit und Wertschätzung. Viele Kleinigkeiten wie Warteschlangen, Social-Media-Posts, Berichte über Terror und Naturkatastrophen, der Straßenverkehr, Stress mit der Familie, in der Schule, der Uni oder auf der Arbeit drängen uns dazu, eher das Negative als das Positive wahrzunehmen. **Wenn du den Fokus deiner Aufmerksamkeit nicht bewusst auf das Positive legst, landet ungebremst Negatives in deinem Wahrnehmungshorizont.**

Legst du den Fokus hingegen auf Dankbarkeit, lenkst du deine Wahrnehmung auf Dinge, die dich glücklich machen und dir Freude bereiten. Um dankbar zu sein, musst du dich nicht mit dem Status quo zufriedengeben und deine Erwartungen herunterfahren. Dass deine Erwartungen nicht erfüllt werden, steht nicht im Gegensatz zu deiner Lebensfreude. Ganz im Gegenteil: Die Fähigkeit, zu fallen (die eigenen Erwartungen nicht zu erfüllen) und die damit verbundene Erfahrung trotzdem wertzuschätzen, ist ein fundamentaler Grundbaustein persönlicher Lebensfreude. Die Einstellung, dass jeder Misserfolg vorübergehend ist und Türen für neue Chancen öffnet, ist ein fester Bestandteil von Dankbarkeit.

> Ich bin in meinem Leben wieder und wieder gescheitert, und das ist genau der Grund, warum ich so erfolgreich bin.[41]
> *Michael Jordan*

Dankbarkeit fördert Erfolg, nicht umgekehrt. Die damit verbundene Lebensfreude fördert Leistung, nicht umgekehrt.[42] Dale Carnegie, einer der erfolgreichsten Autoren aller Zeiten, beschrieb schon 1948 den Hauptunterschied zwischen positivem und negativem Denken: «Positives Denken beschäftigt sich mit Ursache und Wirkung und führt zu logischer, konstruktiver Planung. Negatives Denken hat auf Dauer häufig Spannungen und Nervenzusammenbrüche zur Folge.» Mit einer positiven Sicht auf das eigene Leben schaffst du die beste Grundlage, um dich dein Leben lang persönlich weiterzuentwickeln. Menschen mit einem gesunden Optimismus leben im Durchschnitt 20 % länger, sind beruflich erfolgreicher, körperlich gesünder und führen glücklichere Beziehungen.[43] Wer das Konzept der Dankbarkeit anzuwenden weiß, der lenkt seinen Fokus automatisch auf das Positive und ist damit heutzutage einem Großteil der Bevölkerung einen entscheidenden Schritt voraus. **Denn Dankbarkeit ist nicht altmodisch, sondern hochmodern.**

Tony Robbins über seinen «Highway to Happiness»

Der erfolgreichste Performance- und Persönlichkeits-Coach der Welt hat unter anderem Bill Clinton, Serena Williams und Andre Agassi beraten. Er verkauft bis heute Millionen von Büchern und gibt ausgebuchte Seminare. Seit Jahren nimmt er sich jeden Morgen dreieinhalb Minuten Zeit, um Dankbarkeit für drei Dinge in seinem Leben aufzuschreiben und zu empfinden. Dazu sagt er: «Der Grund für Dankbarkeit ist: Die zwei Emotionen, die uns das meiste versauen, sind Wut und Angst. Du kannst nicht gleichzeitig dankbar und wütend oder besorgt sein. Dankbarkeit ist einzigartig, da sie diese negativen Emotionen überwältigt. Deshalb nenne ich diesen Teil meiner Morgenroutine die Schnellstraße zu einem glücklichen Lebensgefühl.»[44]

Das Glück
ist das Einzige,
was sich verdoppelt,
wenn man es teilt.[45]

Albert Schweitzer

Du überträgst deine Dankbarkeit auf andere. Sie übertragen diese wiederum auf dich.

Der Psychologe Bernard Weiner definiert Dankbarkeit als zweistufigen kognitiven Prozess. Der Wahrnehmung eines positiven Ereignisses folgt die Erkenntnis, dass eine externe Quelle (Gott, Natur, eine andere Person) für dieses Ereignis verantwortlich ist. Dankbarkeit ist also immer in irgendeiner Weise nach außen gerichtet. Oft wird die Dankbarkeit, die du im *6-Minuten-Tagebuch* niederschreibst, an andere Personen gerichtet sein. An diesem Punkt beginnt die magische Dankbarkeits-Spirale: Da du die Dankbarkeit auf diese Weise verinnerlichst, spiegelt sich das auch in deinem Verhalten gegenüber den betroffenen Personen wider. Selbst ohne dich bewusst dafür zu entscheiden, bist und wirkst du automatisch netter und sympathischer. Deine Freunde und Kollegen sind dadurch natürlich auch netter zu dir, und das wiederum macht dich glücklicher. Deine positive Ausstrahlung kehrt wieder zu dir zurück. Indem du täglich deine kleinen guten Taten für andere Menschen (Abendroutine) reflektierst, rufst du natürlich eine ähnliche Aufwärtsspirale hervor. Du setzt mit dem Schreiben in das *6-Minuten-Tagebuch* also einen wunderbaren positiven Kreislauf in Gang und stärkst so deine persönlichen Beziehungen.

> Glück ist ein Parfüm, das du nicht auf andere sprühen kannst, ohne selbst ein paar Tropfen abzubekommen.
>
> *Ralph Waldo Emerson*

Dankbarkeit als Klebstoff guter Beziehungen

Dr. Philip C. Watkins hat ein Werk mit dem Titel «Dankbarkeit und das gute Leben» verfasst. Durch die Zusammenstellung zahlreicher Studien und Analysen kommt er zu der Erkenntnis, dass Dankbarkeit eine der wichtigsten Komponenten für ein glückliches Leben ist. Für die Bedeutung von Dankbarkeit für persönliche Beziehungen und das soziale Umfeld kommt er zu den folgenden Erkenntnissen:[46]

1. Menschen mögen dankbare Menschen ganz besonders.
2. Dankbarkeit hilft in einzigartiger Weise, Beziehungen aufzubauen und aufrechtzuerhalten.
3. Dankbarkeit fördert prosoziales Verhalten bei dir selbst und deiner Umwelt.

Was ist prosoziales Verhalten? Generell sind das alle Verhaltensweisen, die freiwillig oder absichtlich zum Wohle anderer ausgeführt werden. Formen des prosozialen Verhaltens sind z. B. helfen, kooperieren, teilen, unterstützen, loben sowie Höflichkeit, Mitgefühl oder Empathie gegenüber anderen Menschen. Wenn du dich in der Abendroutine fragst, was du jemand anderem Gutes getan hast, reflektierst du also über dein prosoziales Verhalten.

> Der wirkliche Reichtum eines Menschen ist der Reichtum seiner wirklichen Beziehungen.
> *Karl Marx*

Menschen sind von Natur aus soziale Wesen. Kein Wunder also, dass soziale Beziehungen entscheidend für das persönliche Wohlbefinden sind. Ausschlaggebend ist die Qualität dieser Beziehungen. Dr. Seligman und Dr. Diener führten zahlreiche Studien durch, um herauszufinden, wodurch sich besonders glückliche Menschen, nämlich die glücklichsten 10 %, am meisten von den anderen 90 % unterscheiden. Das hervorstechendste Merkmal waren ihre engen Beziehungen zu Familie und Freunden, mit denen sie auch regelmäßig viel Zeit verbrachten. Auch hier zeigte sich: Die subjektiv empfundene Qualität und Tiefe der zwischenmenschlichen Beziehungen ist der ausschlaggebende Faktor.[47] Dankbarkeit ist nachweislich eines der besten Instrumente, um solche Beziehungen aufzubauen und eine enge Bindung dauerhaft aufrechtzuerhalten.

Dankbarkeit verbessert nicht nur die Beziehungen in deinem Leben, für die du aktiv regelmäßig deine Dankbarkeit zeigst. Laut neuesten Studien verbessert Dankbarkeit alle Beziehungen in deinem Leben, egal, ob zu deiner Vorgesetzten, deinem Partner, deinem Arbeitskollegen oder deiner Postbotin. Damit das funktioniert, müssen wir eine Art Schalter in unserem Gehirn umlegen. Wenn du mehr dazu erfahren willst, hör dir gerne Folge 12 vom *6-Minuten-Podcast* an.

So sorgst du für einen guten Tag ❷

Eine kleine, aber feine Anekdote

Ein Mann trifft drei Arbeiter auf einer Baustelle.
Er fragt den ersten: «Was machst du hier?» – «Ich lege Steine.»
Er fragt den zweiten: «Was machst du hier?» – «Ich baue eine Mauer.»
Er geht zu dem dritten Arbeiter und stellt ihm dieselbe Frage.
Der Arbeiter schaut mit einem Lachen auf und sagt: «Ich baue eine Kirche.»

Was sagt uns diese kleine Anekdote? Wenn du ein Mann oder eine Frau der Tat sein möchtest, behalte stets drei Dinge im Hinterkopf: Erstens musst du «die Kirche» sehen, um die richtige Einstellung zu deinen Zielen zu haben. Zweitens musst du entscheiden, welche Mauern du bauen willst, was also deine kleineren Ziele und Wünsche sind. Drittens musst du die Steine legen, die notwendig sind, um die Mauer zu errichten. In diesem Abschnitt machst du genau das. Du fokussierst dich auf deine Mauern und schreibst dir auf, welche Steine du dafür legen musst, welche kleinen Handlungen nötig werden.

Von der Anekdote ins Tagebuch

Okay, macht Sinn. Aber wie genau kann ich das im *6-Minuten-Tagebuch* umsetzen? Als Hilfestellung zur Umsetzung kannst du zum Beispiel solche Strukturen nutzen:
Ich möchte mich ______ fühlen, also werde ich ______ (kleine Handlung):

1. Ich möchte mich selbstbewusst fühlen, also werde ich in der Besprechung aufrecht sitzen.
2. Ich möchte mich attraktiv und ausgeglichen fühlen, also werde ich heute ins Fitnessstudio gehen.

3. Ich möchte mich verbunden fühlen, also werde ich Daniel schreiben, wie dankbar ich für ihn bin.

Diese Struktur kannst du auch umdrehen:
Ich werde ____ (kleine Handlung) tun, weil ich mich ____ fühlen möchte:

1. Ich werde heute eine Stunde an meinem Projekt arbeiten, weil ich mich produktiv und selbstbestimmt fühlen möchte.
2. Ich esse heute drei Stücke Obst, weil ich mich gesund fühlen möchte.
3. Ich werde heute zu der Party gehen, weil ich mich ausgelassen und integriert fühlen möchte.

Durch das «weil ...» behältst du stets im Hinterkopf, welche Beweggründe dich zu deinen Zielen geführt haben. Du schreibst dir auf, welche Steine du legen musst, um welche Mauer aufzubauen. **Deine Handlungen müssen nicht weltbewegend sein. Die Hauptsache ist, sie so klein zu halten, dass du sie auch wirklich umsetzt.** Wenn du sie lange genug ausführst, stehst du schneller, als du denkst, vor deiner eigenen «Kirche».

Wie du den Zufall herausforderst

Manche Dinge – wie gutes Wetter, ein Sechser im Lotto, schnelles WLAN oder die perfekte Verkehrslage – kannst du nicht kontrollieren oder planen. Auch wenn Sonnenschein deinen Tag wundervoll machen würde, kannst du ihn nicht herbeizaubern. Deshalb liegt der Fokus in diesem Teil des Tagebuchs auf den konkreten Handlungen, die in deinem Einflussbereich liegen. Manche Dinge – wie gute Freundschaften oder ein Date mit deinem Traumpartner – kannst du ebenfalls nur schwer kontrollieren oder planen, allerdings um Meilen besser als das Wetter oder die Lottoziehung. Du kannst dein Augenmerk darauf richten, täglich kleine Dinge zu tun, mit denen du die Wahrscheinlichkeit für tolle zufällige Ereignisse erhöhst. Auf diesem Weg setzt du eine Art Kreislauf schöner Geschehnisse in Gang. So etwa:

Der Zufall trifft nur den vorbereiteten Geist.
Louis Pasteur

1. Richte dein Augenmerk darauf, mehr zu lächeln ➛ Mehr Leute um dich herum lächeln zurück ➛ Mehr Leute sind herzlich und freundlich zu dir ➛ Mehr Freundschaften entstehen «zufällig».
   Du musst nicht sofort den ganzen Tag über mehr lächeln. Fang doch einfach damit an, morgens beim Kaffeeholen der Verkäuferin ein Lächeln zu schenken.

2. Richte dein Augenmerk auf deine Körperhaltung ➛ Du wirst attraktiver für das andere Geschlecht, denn eine gute Körperhaltung ist sexy[48] ➛ Es entstehen mehr «zufällige» Dating-Möglichkeiten.

Du kannst dein Schicksal also durchaus herausfordern. Natürlich läuft so ein Prozess nicht linear ab. Aber auf Dauer gilt: Je mehr kleine Handlungen du in die Richtung eines Zieles vollziehst, desto höher wird die Wahrscheinlichkeit, dass «zufällige» gute Dinge passieren. Die Wirkungsweise dieser Kettenreaktion basiert auf dem bereits beschriebenen Zinseszins-Effekt (S. 51). Erfolg gesellt sich zu Erfolg. Sind einmal kleine Erfolge da, vermehren sie sich nahezu automatisch und exponentiell.

Ein ganz simples Rezept: Fängst du erst einmal an zu kochen, schmeckt es sowieso

Dein Gehirn verarbeitet mehr als 400 Millionen Bits an Informationen pro Sekunde, von denen letztlich nur 2000 in dein Bewusstsein dringen.[49] 99,9995 % aller Informationen bleiben also unbeachtet. Der Teil deines Gehirns, der diese 2000 Bits für dich selektiert, ist das aufsteigende retikuläre Aktivierungssystem (ARAS).[50] Indem du dich morgens fragst, wie du für einen guten Tag sorgen kannst, nutzt du das ARAS zu deinen Gunsten und stehst schon mit einem Fuß auf der Zielgeraden für einen tollen Tag. Nehmen wir zum Beispiel an, du schreibst hier: «Eine gesunde Ernährung mit reichlich Obst und Gemüse.» Die Antizipation und Verbildlichung dieses Vorhabens wird im ARAS – dem Filter deiner Realität – verarbeitet. Da dieser wie ein Suchradar funktioniert, konzentriert sich deine Wahrnehmung nun automatisch auf alle Gelegenheiten, die du mit deinem Vorhaben verknüpfst. Sie ist für alle Zielobjekte scharf gestellt, die sich im Suchradius befinden. In diesem Fall ist der Suchradar auf gesunde Mahlzeiten, Obst und Gemüse ausgerichtet.

Hokuspokus? Versuch es doch selbst. Welchen Gebrauchsgegenstand hast du dir als Letztes zugelegt? Vielleicht ein Paar Schuhe? Fällt es dir seitdem nicht jedes Mal auf, dass jemand anderes dasselbe oder ein ähnliches Paar trägt? Du oder jemand, den du kennst, fährt ein bestimmtes Auto, und seitdem siehst du es immer wieder? Du richtest gerade deine neue Wohnung ein, und auf einmal fallen dir in anderen Wohnungen etliche Details auf, die du vorher nie bemerkt hast? Du bist schwanger und siehst auf einmal überall schwangere Frauen? Du fängst an, Sport zu treiben, und seitdem sieht jeder in deiner Umgebung sportlich aus? Vielleicht noch ein offensichtlicheres Beispiel: Du bist auf einer Cocktailparty, und durch das Stimmengewirr hörst du nicht mehr als allgemeinen Lärm. Fällt in einem der Gespräche dann aber zufälligerweise dein Name, hörst du das sofort und drehst dich um. Genau für diesen Zuschnitt deiner Wahrnehmung ist das ARAS verantwortlich. Mit der Morgenroutine setzt sich dein Gehirn automatisch mehr mit den Dingen auseinander, die dich glücklicher machen. Dadurch wirst du letztlich auch eher deine Tagesziele erreichen, denn wer glücklich ist, dessen Gehirn arbeitet etwa 30 % produktiver und kreativer als ein Gehirn in neutralem oder negativem Gedankenzustand.[51] Mit dem *6-Minuten-Tagebuch* legst du jeden Morgen direkt den Filter auf die Dinge, die deinen Tag besser machen.

Positive Selbstbekräftigung ③

Dieser Teil der Morgenroutine ist nicht so selbsterklärend wie die anderen. Da 95 % deiner Entscheidungen dem Unterbewusstsein entspringen, haben die dort aktiven Glaubenssätze und Emotionen einen enormen Einfluss auf deine Realität (siehe Grafik S. 77).[52] Dein Unterbewusstsein ist ein unermüdliches Arbeitstier – Tag und Nacht aktiv –, und der Hauptzweck der positiven Selbstbekräftigung ist es, diesen Workaholic zu deinem Vorteil zu nutzen. Ziel ist es, die Grenzen des Möglichen für dich auszureizen und dein Unterbewusstsein darauf zu programmieren. Mithilfe von Gehirnscans konnten verschiedene Studien zeigen, dass diese Methode bei richtiger Nutzung ein sehr effektives Werkzeug ist, um graduelle Veränderungen von innen heraus voranzutreiben.[54] Bei der Formulierung deiner Selbstbekräftigung kannst du aus zwei verschiedenen Ansätzen denjenigen wählen, der für dich am besten passt. Wähle einen Ansatz und bleibe erst mal dabei.

Durch Wiederholung führen Bekräftigungen zum Glauben. Und erst wenn aus dem Glauben tiefe Überzeugung wird, werden Dinge in die Tat umgesetzt.[53]

Claude M. Bristol

1. Hammer-Ansatz: Du wählst eine positive Selbstbekräftigung, die du unbedingt in dein Leben integrieren willst, und schreibst sie jeden Tag aufs Neue auf. Je öfter du das tust, desto mehr verinnerlichst du den Glauben daran in dir. Du hämmerst dir die positive Selbstbekräftigung sozusagen so lange ein, bis du die Vorteile davon bewusst erlebst und sie somit Teil deines Lebens wird. Beispielsweise: «Ich liebe mich und übe deshalb einen Beruf aus, der mich wirklich erfüllt und mir Freude bereitet» oder «Ich vertraue auf meine Fähigkeiten und entwickle mich jeden Tag

Ob du glaubst, du schaffst es,
oder ob du glaubst, du schaffst es nicht –
du wirst auf alle Fälle recht haben!

Henry Ford

ein Stück weiter». Du kannst aber auch spezifischer werden: «Ich verdiene 100 000 Euro im Jahr», «Ich verliere Tag für Tag Gewicht, bis ich mein Idealgewicht von 65 kg erreicht habe» oder «Ich führe eine liebevolle und leidenschaftliche Beziehung».

Jim Carrey's Hammer-Ansatz

Jim Carrey ging so weit, dass er sich selbst einen Scheck mit dem Verwendungszweck «für erbrachte Schauspieldienste» über einen Wert von zehn Millionen Dollar ausstellte. Darüber hinaus schrieb er sich jeden Tag Folgendes auf: «Ich bin wirklich ein guter Schauspieler. Jeder will mit mir arbeiten, und ich habe viele tolle Filmangebote.»
Zu diesem Zeitpunkt war Carrey arbeitslos und hatte noch nie in seinem Leben einen Cent für seine Schauspielerei erhalten. Den Scheck schaute er sich immer wieder an und bewahrte ihn so lange in seinem Portemonnaie auf, bis er diese Summe tatsächlich Jahre später mit einer Rolle verdiente.

Das ist bei Weitem kein Einzelfall. Die Anwendung dieser Methode hat sich bereits für viele andere erfolgreiche Persönlichkeiten wie Muhammad Ali, Bruce Lee, Arnold Schwarzenegger, Will Smith, Tim Ferriss, Tony Robbins, Sheryl Sandberg oder Oprah Winfrey als äußerst effektiv erwiesen.

2. Kolibri-Ansatz: Hier ist deine Selbstbekräftigung vom heutigen Gefühl oder deinen Plänen für den Tag abhängig. Du legst sie also täglich aufs Neue fest. Musst du zum Beispiel eine Präsentation halten, kannst du schreiben: «Ich bin kompetent und redegewandt und halte heute einen interessanten Vortrag.» Arbeitest du gerade an einem neuen Projekt, kannst du schreiben: «Ich freue mich, Neues bei der Arbeit zu lernen, und nehme die Herausforderung täglich an.»

Dein Unterbewusstsein spricht nicht in Worten, sondern in Emotionen. Aus diesem Grund ist dein Gefühl beim Schreiben der Maßstab für die Qualität deiner Selbstbekräftigung. Was du hier schreibst, solltest du auch fühlen! Schließe nach dem Schreiben kurz deine Augen und stell dir die passenden Fragen:

1. Fühlst du dich schlechter? Dann hast du dir wahrscheinlich mehr vorgenommen, als in deinen Möglichkeiten liegt.
2. Glaubst du, was du geschrieben hast? Fühlst du dich besser? Bist du motiviert? Wenn ja, dann bist du auf dem richtigen Pfad. Du bist im Bereich deines Wachstumspotenzials.
3. Fühlst du dich neutral? Dann denkst du wahrscheinlich nicht groß genug.

Ein Beispiel: Sofia liebt Designen und Gestalten, ist 35 Jahre alt und arbeitet in einem Start-up, das seit zwei Jahren Schuhe aus umweltfreundlichen Materialien mit innovativem Design verkauft. Die Designabteilung besteht aus zehn Mitarbeitern, und bis Ende des Jahres soll jemand den Leitungsposten übernehmen. Das könnten entsprechende Selbstbekräftigungen sein:

1. «Ich werde in diesem Jahr die Geschäftsleitung übernehmen, weil ich meinen Job liebe und absolut von meinen Fähigkeiten überzeugt bin.»
2. «Ich bin fest entschlossen, in diesem Jahr die Leitung der Designabteilung zu übernehmen, da ich bestens geeignet bin und es mich erfüllt, tolle Schuhe zu entwerfen.»
3. «Ich bin zufrieden damit, schöne und umweltfreundliche Schuhe an den Mann und die Frau zu bringen, und lasse die Dinge auf mich zukommen.»

Wichtig ist, dass deine Selbstbekräftigung auch wirklich positiv sein sollte. Sagen wir, du schreibst «Ich werde keine Chips mehr essen». Was macht dein Gehirn daraus? Es denkt an Chips, weil es keine Verneinung kennt. Oder das klassische Beispiel: Egal was du jetzt tust, denke nicht an einen pinkfarbenen Elefanten, der einen blauen Regenschirm in seinem Rüs-

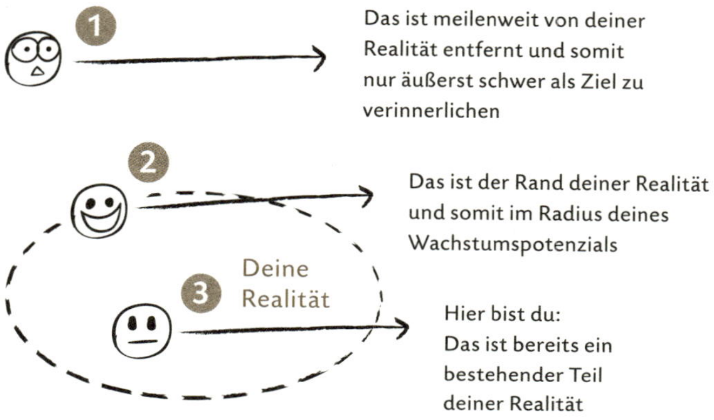

sel trägt! Und wie sah der Elefant aus, den du dir gerade vorgestellt hast? Ziemlich pink, oder? Negative Formulierungen oder Verneinungen sind hier also fehl am Platz, da sie nicht von deinem Unterbewusstsein registriert werden.[55] Ebenso wichtig ist es, die Selbstbekräftigung möglichst individuell zu formulieren. Allgemeingültige Aussagen wie «Ich liebe mich» sind weniger zweckmäßig als auf dein Leben maßgeschneiderte Formulierungen wie «Ich bin emotional stabil und bewahre auch in Stresssituationen die Fassung». Es ist empfehlenswert, die Selbstbekräftigungen mit einem aktiven Bestandteil wie «Ich bin», «Ich kontrolliere» oder «Ich habe» zu beginnen, da das Unterbewusstsein deine Zielsetzungen so sofort verarbeiten kann.

Die Abendroutine

... so reflektierst du und lädst den Akku für den nächsten Tag auf

Es geht doch nichts über einen ruhigen und ausgiebigen Schlaf. Kennst du das Gefühl, wenn du morgens aufstehst und dich top erholt und wie neugeboren fühlst? Führst du die Abendroutine regelmäßig durch, kann dieses Gefühl zur Regelmäßigkeit werden. Wenn du 60 Jahre alt bist, hast du etwa 20 Jahre deines Lebens geschlummert, womit Schlaf ein enorm großer und somit auch enorm wichtiger Teil deines Lebens ist. Schenke ihm also die Aufmerksamkeit, die er verdient. Vor dem Schlafengehen sind negative und unangenehme Gedanken fehl am Platz. Daher ist es ratsam, der Abendroutine in den letzten Minuten des Tages nachzugehen, damit du deinen Fokus auf das Positive legst und für ein entspanntes Einschlafen sowie eine erholsame Nachtruhe sorgst. Das *6-Minuten-Tagebuch* ist der Schlüssel für den Morgen und der Türriegel für die Nacht.

Was machst du normalerweise vor dem Schlafengehen? Laut einer Studie zum Konsumverhalten von 49 000 Handy-Besitzern aus 30 verschiedenen Ländern schauen 52 % in den letzten fünf Minuten vorm Schlafengehen auf ihr Handy.[56] Höchstwahrscheinlich lässt auch du dich in irgendeiner Form elektronisch beschallen, egal ob am Laptop, Smartphone oder vor dem Fernseher. Verschiedenste Studien haben bewiesen, wie ungesund das ist, da die Schlafqualität und -quantität dadurch auf Dauer drastisch reduziert werden.[57] **Das *6-Minuten-Tagebuch* ist nicht elektronisch und somit ein erster Schritt zu einer gesünderen Version von dir.**

Wer die Nacht nicht ehrt, ist des Tages nicht wert.

Sprichwort aus Italien

Was habe ich heute Gutes für jemanden (für mich) getan? 4

Anderen etwas Gutes zu tun, macht nachhaltig glücklich

Menschen, die anderen gern helfen und zu prosozialem Verhalten tendieren, stufen sich selbst als glücklicher ein als solche, die das nicht tun.[58] Wie glücklich macht es uns wirklich, anderen etwas Gutes zu tun? Dazu haben Forscher in den USA ein Experiment durchgeführt. Die Studienteilnehmer erhielten jeweils 100 Dollar. Ihnen wurde freigestellt, diese für wohltätige Zwecke ihrer Wahl zu spenden oder für sich selbst auszugeben. Mithilfe von Gehirnscans wurden die Gehirnaktivitäten während des Experiments untersucht. Das Gehirnareal, das für Freude und Vergnügen verantwortlich ist, war bei der Spendergruppe aktiver als bei denen, die das Geld für sich selbst nutzten.[59] Dasselbe Gehirnareal verursacht zum Beispiel beim Orgasmus oder beim Verspeisen eines köstlichen Stückes Schokolade die Dopaminausschüttung. Allerdings haben Studien von Dr. Seligman gezeigt, dass sich das Glücksgefühl beim Geben stark von dem bei gutem Essen oder Sex unterscheidet: Die positiven Effekte halten hier über den gesamten Tag oder länger an, während sie im anderen Fall viel schneller wieder vorüber sind.[60]

Natürlich spendest du nicht täglich Geld. Daher gilt es auch hier, das Augenmerk vielmehr auf die kleinen Taten des Tages zu legen: der Gefallen für den Arbeitskollegen, die kleine Aufmerksamkeit für deinen Freund, das Spülen des Tellers deines Mitbewohners oder die Mithilfe bei der Bewerbung deiner Mutter. Frag deine Großeltern, wie es ihnen geht. Sprich mit jemandem, der einsam wirkt. Sag deinem Partner, dass du ihn liebst. Drücke Dankbarkeit gegenüber Freunden, Familie und Arbeitskollegen aus. Lobe den Koch der Mahlzeit vor deiner Nase. Halte jemandem die Tür auf. Hab ein offenes Ohr. Sag deinem Nachbarn freundlich guten Morgen oder verschenke ein nettes Lächeln an die Supermarkt-Kassiererin.

Der Charakter offenbart sich nicht an großen Taten. An Kleinigkeiten zeigt sich die Natur des Menschen.

Jean-Jacques Rousseau

Was habe ich heute gelernt? 5

Jeder Mensch durchlebt Höhen und Tiefen. Unangenehme Momente, Stress, Sorgen und Misserfolge gehören zum Leben. Die amerikanische Psychologin Carol Dweck fand heraus, dass vor allem dein Selbstbild bestimmt, wie du die Herausforderungen des Lebens meisterst.[61] Dabei gibt es grundsätzlich zwei verschiedene Selbstbilder, nämlich das starre und das wachstumsorientierte Selbstbild – aus dem Englischen: «fixed mindset» und «growth mindset». Wenn du wissen willst, welches Selbstbild du hast, beantworte kurz und ehrlich die folgenden Fragen:

1) Siehst du Fehler als Möglichkeit, etwas Neues auszuprobieren und dich weiterzuentwickeln? Oder empfindest du Fehler manchmal als Bedrohung oder fühlst dich als Person sogar abgewertet, wenn sie dir passieren?
2) Bist du tief davon überzeugt, dass du deine Fähigkeiten weiterentwickeln kannst? Oder denkst du, es hängt eher von deinem Talent und deiner Intelligenz ab, ob du etwas kannst oder nicht?
3) Lernst du Neues, um Dinge besser zu verstehen und mehr zu erfahren? Oder lernst du primär, um positives Feedback – z. B. eine gute Note, einen Bonus oder Lob – zu erhalten?

Hast du jeweils eher die erste Frage bejaht, tendierst du zu einem dynamischen, wachstumsorientierten Selbstbild, im anderen Fall eher zu einem statischen. Menschen mit einem wachstumsorientierten Selbstbild sind grundlegend davon überzeugt, dass wir unsere Persönlichkeit, unsere Intelligenz sowie unsere Fähigkeiten stets positiv weiterentwickeln können – unabhängig von unserem Talent. Das bedeutet nicht, dass sie glauben,

Wer ständig glücklich sein möchte,
muss sich oft verändern.

Konfuzius

jeder könne Einstein, Rihanna oder Ronaldo werden. Aber sie sind davon überzeugt, dass sie durch Übung und Fleiß permanent dazulernen und persönlich wachsen können. Im Gegensatz zu Menschen mit einem starren Selbstbild, packen sie Herausforderungen mit Neugier an, anstatt ihnen aus dem Weg zu gehen. Sie sehen Fehler nicht als Charakterschwäche, sondern als Möglichkeit, sich weiterzuentwickeln.

starres Selbstbild		wachstumsorientiertes Selbstbild
Das kann ich nicht.	→	Das kann ich NOCH nicht.
Bloß keine Fehler machen!	→	Fehler sind okay und bringen mich weiter, weil ich daraus Neues lernen kann!
Niemand darf mitbekommen, dass ich das nicht kann.	→	Niemand darf mitbekommen, dass ich das nicht kann.
Ich war schon immer schlecht in Englisch.	→	Ich bin NOCH nicht gut in, aber lerne es schon, wenn ich dranbleibe.

Das Gute ist: Unser Mindset ist nicht in Stein gemeißelt, sondern lässt sich durch proaktive Übung nachhaltig verändern. Und genau darum geht es bei der Frage «Was habe ich heute gelernt?». Da du dieses Journal in der Hand hältst, gehe ich davon aus, dass du stetig lernen und dich weiterentwickeln möchtest. Erfreue dich bei deiner persönlichen Weiterentwicklung am fortlaufenden Prozess und weniger am Endziel, denn wenn du dich nur über das Erreichen großer Ziele freuen würdest, wärst du wirklich ziemlich selten glücklich. Mach dir dabei bewusst, dass du gut bist, so wie du bist, und gleichzeitig – und das ist ja das Schöne – ist da immer noch jede Menge Raum nach oben. Du kannst dich selbst lieben und dich dennoch

Wenn du das Geheimnis zum Glück suchst, kann ich es dir in einem Wort geben: Weiterentwicklung.[62]
Anthony Robbins

verbessern wollen. Du kannst beides sein: Ein Meisterstück und dennoch in Arbeit. Und in diesem Teil der Abendroutine liegt der Fokus auf Letzterem.

Begegne Misserfolgen und Herausforderungen in deinem Leben mit einer neugierigen Haltung. So bleibt dein Kopf offen für Neues, und du trainierst dein Gehirn, sich auf Fortschritte und das Gute zu konzentrieren. Schreib dir hier auf, was du heute über dich oder die Welt um dich herum gelernt hast. Hast du eine neue Schlafposition gefunden, die besser für dich ist? Hast du eine neue Funktion an deinem Smartphone entdeckt? Hast du gelernt, dass du Nein sagen kannst, ohne danach in Schuldgefühlen zu versinken? Oder hast du bemerkt, dass du mit kleinen Pausen zwischendurch viel mehr Spaß an der Arbeit hast? Wie immer beim *6-Minuten-Prinzip*®, liegt auch hier der Fokus auf den kleinen Dingen. Wichtiger als gewaltige Erleuchtungen und Erkenntnissprünge über dich und die Welt um dich herum ist es, konstant persönlich zu wachsen.

Tolle Dinge, die ich heute erlebt habe ... 6

Der Fokus auf das Gute kann dein Leben deutlich verlängern.

Kaum eine Studie demonstriert den Zusammenhang zwischen einer positiven Grundeinstellung und der Lebensdauer so deutlich wie die sogenannte «Nonnen-Studie». An dieser über 70 Jahre geführten Langzeitstudie nahmen 180 Nonnen teil. Um in das Kloster aufgenommen zu werden, mussten die beobachteten Nonnen eine zwei- bis dreiseitige Autobiografie schreiben. Als sie diese in den 1930er- und 1940er-Jahren verfassten, waren sie durchschnittlich 22 Jahre alt. Innerhalb der 180 Autobiografien wurde jeweils untersucht, wie hoch der Anteil negativer, neutraler und positiver Wörter und Sätze war. Anhand dieser Anteile wurden sie in vier Gruppen mit je 45 Nonnen aufgeteilt. Die Resultate waren beeindruckend:[63]

1. Die 45 glücklichsten Nonnen lebten im Durchschnitt **10 Jahre länger** als die 45 unglücklichsten.
2. Mehr als 90 % der glücklichsten Nonnen waren im Alter von **85 Jahren** noch quicklebendig.
3. 54 % der glücklichsten Nonnen wurden mindestens **94 Jahre** alt, während nur 15 % der unglücklichsten dieses Alter erreichten.

Was macht diese Beobachtungen so besonders? Die Bedingungen dieser wissenschaftlichen Untersuchung sind Gold wert, da die Nonnen unter nahezu identischen Umständen lebten oder noch leben: Sie trinken alle keinen Alkohol, rauchen nicht, haben keinen Sex, sind nicht verheiratet, haben keine Kinder, leben in der gleichen Umgebung, verrichten ähnliche Arbeit und ernähren sich gleich. Die Studie zeigt also in aller Deutlichkeit, wie wichtig es ist zu schätzen, was du schon in deinem Leben hast. Zu schätzen, was dir deine Tage jetzt schon bieten. Wie schon auf den Anfangsseiten herausgestellt: **Nimm dir Zeit, die kleinen Glücksmomente und Erfolge des Tages zu feiern. Wenn du das nicht schaffst, ist es sehr unwahrscheinlich, dass du die großen feiern wirst.**

Das Leben besteht zu 10 % aus dem, was geschieht, und zu 90 % aus dem, was du daraus machst.[64]
Charles Swindoll

Ein guter Start ist ziemlich smart

Was ist normalerweise das Erste, das du deinen Freunden, deinem Partner oder Mitbewohner erzählst, wenn du sie siehst? Wenn du von der Arbeit kommst, erzählst du vielleicht, wie anstrengend und stressig der Tag war, was nervig war oder schiefgelaufen ist, um dann von deinem Zuhörer Ähnliches zu hören: «Ach, von meinem Chef kommt weder Lob noch Danke, und sowieso denkt er, ich hab sechs Hände, und dann wurde ich auch noch von meiner Mutter am Telefon angemeckert ...» Ein ganz einfacher Weg, dieses gewohnte Muster auf den Kopf zu stellen, ist, einfach das Beste zu erzählen, was dir am bisherigen Tag passiert ist. Auch wenn es sich anfangs ungewöhnlich anfühlt, berichtest du ausnahmslos und ohne Beschwerden vom besten Ereignis des Tages, egal wie klein oder belanglos es war. Erzähl, was du gelernt hast, worauf du stolz warst, vom leckeren Nachtisch, von einem lustigen Moment oder vom Bus, den du nur erwischt hast, weil er drei Minuten zu spät kam. Auf diese Weise sind sowohl du als auch dein Gesprächspartner positiv gestimmt, und du schärfst deinen Blick für die tollen kleinen und großen Dinge, die dir täglich passieren. Natürlich kann es hilfreich sein, auch die Probleme und Schattenseiten des Tages loszuwerden, aber wie du eine Unterhaltung beginnst, ist oftmals richtungweisend für den Rest des Gesprächs. Dieser kleine Tipp kann zu einem fantastischen Bindeglied in jeder Beziehung werden! Was hast du zu verlieren, wenn du den Fokus zuerst auf die noch so kleinen Schokoladenseiten legst?

Wir können den Wind nicht ändern, aber die Segel richtig setzen.
Aristoteles

Kreiere deinen eigenen Gute-Laune-Vorrat

Manchmal ist es nicht einfach, sich selbst zu motivieren und sich den Herausforderungen des Lebens zu stellen. Manchmal geht es dir einfach nicht so gut. In diesen Momenten brauchst du kleine Impulse der Motivation, die dir dabei helfen, dich auf das Wesentliche zu fokussieren. In diesem Abschnitt der Abendroutine dokumentierst du täglich deine kleinen und großen Glücksmomente. Du hältst für jeden Tag fest, was dich glücklich gemacht hat, und schreibst so deine ganz persönliche Glücksgeschichte. Nutze diese Einträge als deinen Vorrat selbst gebackener Glückskekse. Lies dir durch, was du hier an anderen Tagen geschrieben hast, und deine Stimmung wird sich automatisch verbessern. Du kreierst ganz nebenbei eine Schatzkiste voller Gute-Laune-Häppchen mit unbegrenztem Haltbarkeitsdatum, von denen du bei Bedarf naschen kannst. **Die größte Quelle, aus der du schöpfen kannst, bist du selbst.**

6 Tipps

... zum Dranbleiben und zur optimalen Nutzung des Tagebuchs

Tipp 1
Such dir einen festen Ort für das Tagebuch

Um das *6-Minuten-Tagebuch* konsequent täglich zu nutzen, ist eine der wichtigsten Entscheidungen, wo du das Tagebuch und den Stift, den du dafür benutzt, verstauen willst. Das mag simpel klingen, ist aber von großer Bedeutung. Such dir idealerweise einen Platz aus, wo das Tagebuch morgens nach dem Aufstehen und nachts vorm Schlafen für dich sichtbar ist. Für manche wird es am besten sein, das Buch nach dem Aufwachen in Reichweite des Bettes liegen zu haben, zum Beispiel in der Nachttischschublade. Für andere ist es sinnvoller, wenn es direkt neben der Zahnbürste, der Handtasche oder dem Rucksack liegt. Empfehlenswert ist auch, das Tagebuch mit einem festen Ritual, wie dem morgendlichen Kaffee oder Tee, zu kombinieren. Finde deinen eigenen Weg zum Ziel. Wichtig ist: Such dir den Ort für das Tagebuch genau jetzt und nicht erst morgen oder übermorgen. Du wirst dich wundern, wie effektiv diese kleine Eselsbrücke ist.

Das, was du bist,
zeigt sich an dem, was du tust.

Thomas A. Edison

Tipp 2
Geh ins Detail. Fühle, was du schreibst

Da die Struktur der Tagebucheinträge sich nicht jeden Tag verändert, kann es passieren, dass die Einträge sich wiederholen. Das ist nicht per se schlecht. Manchmal – zum Beispiel bei der positiven Selbstbekräftigung – kann das sogar sehr sinnvoll sein. In bestimmten Fällen ist es aber auch unzweckmäßig, sich oft zu wiederholen. Was kannst du tun, um nicht jeden Tag dieselben Dinge aufzuschreiben? Die Lösung ist simpel: Geh ins Detail! Hab Spaß dabei!

Bei deinen täglichen Einträgen ist wichtiger, was du beim Schreiben durchlebst und empfindest, als was genau du inhaltlich schreibst. An Dinge zu denken, für die man dankbar ist, geht normalerweise recht zügig. Bis man das Gefühl spürt, das man damit verbindet, dauert es aber gewöhnlich ein paar Sekunden länger. Passend dazu zeigte der renommierte Neuropsychologe Dr. Rick Hanson, dass negative Erfahrungen direkt in das Langzeitgedächtnis wandern, während positive Erfahrungen für etwa zehn Sekunden im Bewusstsein gehalten werden müssen, um den Übergang vom Kurzzeit- ins Langzeitgedächtnis zu schaffen.[65] Indem du also ein paar Extrasekunden in deinem Gefühl verharrst, sorgst du dafür, dass sich ein vorübergehender Geisteszustand in eine anhaltende neuronale Struktur verwandelt. Nimm dir diese Sekunden und warte auf die Emotion (die Freude, das Erstaunen, das Entzücken …), bevor du den Stift ansetzt. Das kann einen großen Unterschied machen!

Denk an einen Roman, der dich packt. Gute Autoren beschreiben Geschehnisse typischerweise nicht ganz allgemein, sondern im Detail. Sie schreiben nicht einfach «Sie erblickte ihn», sondern eher «Als ihre Blicke aufeinandertrafen, überlief sie eine Gänsehaut, und obwohl sich ihre Lippen nicht berührten, fühlte es sich an, als würde sie ihn durch ihren Atem küssen». Das Beispiel ist natürlich überspitzt, aber es ist klar, was hier der

> Der Zauber steckt immer
> im Detail.
>
> *Theodor Fontane*

Punkt ist: Emotion verbirgt sich im Detail, und je detaillierter du bei deiner Beschreibung wirst, desto einfacher ist es, diese Emotionen zu empfinden.

Wenn du gestern geschrieben hast «Ich bin dankbar dafür, dass ich Daniel an meiner Seite habe», dann kannst du heute schreiben «Ich bin dankbar dafür, dass Daniel immer schnell neue Leute kennenlernt und mich ihnen vorstellt» oder «Ich bin dankbar dafür, dass Daniel mich immer anlächelt, wenn wir bei anderen zu Besuch sind». Dasselbe gilt auch für die anderen Sektionen des Tagebuchs, vor allem für die tollen Dinge, die du heute erlebt hast. Was machst du hier, wenn dein Tag alles andere als toll war? – Richtig. Die Lösung liegt im Detail. Fokussiere dich auf die ganz kleinen Dinge, auf die Lichtblicke des Tages. Lass deinen Tag von dem Moment, als du aufgestanden bist, Revue passieren und betrachte ihn mit der Einstellung, dass die Dinge auch viel schlimmer sein könnten. Dann werden dir Dinge einfallen wie «Mein Lieblingslied von den Backstreet Boys kam im Radio» oder «Die abgesagte Besprechung verschafft mir mehr Zeit zur Vorbereitung». Auch Dinge wie «Die Avocados waren bei meinem Einkauf im Angebot» oder «Das leckere Hähnchen aus der Mittagspause». Kleine, aber feine Dinge.

> Willst du dich am Ganzen erquicken, so musst du das Ganze im Kleinsten erblicken.
>
> *Johann Wolfgang von Goethe*

Werde konkret und versuche zu fühlen, was du schreibst. Die Eintragungen sollen dir Spaß machen. Je tiefer du hierbei in dich gehst, desto stärker und nachhaltiger werden auch die Resultate für dich sein. Und je mehr du das übst, desto einfacher und schneller läuft dieser Prozess bei dir ab.

Tipp 3

Stelle jetzt schon sicher, dass du am Ball bleibst

Die Aufteilung auf drei Minuten am Morgen und drei am Abend reduziert die Hemmschwelle zum Schreiben drastisch. Trotzdem besteht das Restrisiko, dass das Tagebuch als Schrankdeko endet. Nimm dir jetzt ein paar Minuten, um auch dieses kleine Risiko aus dem Weg zu räumen.

Was könnte dich davon abhalten, das Tagebuch täglich morgens und abends zu nutzen?

1. ....

2. ....

3. ....

Schreib dir jeweils konkrete Maßnahmen auf, mit denen du genau diese Hürden überwinden wirst:

1. ....

2. ....

3. ....

Zum Beispiel kann eine visuelle Erinnerung sehr wirksam sein. Vielleicht nutzt du dafür den Gewohnheits-Tracker (S. 92) oder machst täglich ein Häkchen in deinem Kalender, wenn du das Tagebuch genutzt hast. Ebenso kannst du eine der vielen nützlichen Apps zu Hilfe nehmen, um die tägliche Nutzung sicherzustellen. Empfehlenswert sind beispielsweise Habit List oder Strides (falls du ein iPhone hast). Für Android-Handys bieten sich etwa Habit Bull oder Loop Habit Tracker an.

Tipp 4
Die Struktur ist nicht in Stein gemeißelt

Beim Fußballspielen gibt es feste Regeln. Innerhalb dieses Regelwerks hat dennoch jeder Spieler seine ganz individuelle Spielweise. Gleiches gilt auf dem Spielfeld des *6-Minuten-Tagebuches*: Um für Abwechslung zu sorgen, kannst auch du dir eigene Regeln setzen. So kannst du dir zum Beispiel eine Woche lang vornehmen, jeden Tag drei vollkommen neue Dinge, für die du dankbar bist, aufzuschreiben, Dinge, die du für den Rest der Woche kein zweites Mal nennen darfst. Das hilft, deine Sichtweise (dein ARAS, S. 72) so zu konditionieren, dass du immer wieder in neuen Situationen das Gute und somit neue Chancen und Möglichkeiten für dich herausfilterst.

Wenn du morgens drei Dinge aufschreibst, für die du dankbar bist, geht es nicht darum, zügig eine Liste von Dankbarkeiten runterzuschreiben. Mit so einer Einstellung kann das Ganze schnell repetitiv werden, und die Dankbarkeit wird im Kopf und nicht im Herzen verarbeitet. Wie schon in Tipp 2 ausgeführt: Du musst fühlen, was du schreibst. Da detaillierte Einträge ein tolles Instrument sind, um diese emotionale Verbundenheit zu erreichen, braucht man an manchen Tagen eben etwas mehr Platz zum Schreiben. An solchen Tagen kannst du die Nummern 1 bis 3 einfach durchstreichen und den Platz für einen etwas längeren Dankbarkeitseintrag nutzen. Das Gleiche gilt natürlich für die anderen Abschnitte im Tagebuch. Hauptsache, du fühlst dich emotional verbunden mit dem, was du schreibst. Hier wirst du im Laufe der Zeit deinen eigenen Rhythmus finden, der sich für dich natürlich und intuitiv richtig anfühlt.

Tipp 5

Teamwork makes the dream work

Such dir einen Verbündeten. Ben hat Jerry, Batman hatte Robin, Bert hatte Ernie und Bonnie ihren Clyde. Hol dir jemanden an Bord, der das gleiche oder ein ähnliches Ziel verfolgt wie du und dich unterstützt. Eine Person, für die das *6-Minuten-Tagebuch* genauso wertvoll wie für dich sein kann. So eine Gemeinschaft mit dem gleichen Ziel vor Augen ist eine große Hilfe und kann ordentlich anspornen. Tauscht eure Erfahrungen miteinander aus, seid füreinander verantwortlich, helft und motiviert euch gegenseitig.

Auch wenn du alleine startest, können dir Freunde oder Familie behilflich sein. Erzähle einfach einigen Mitmenschen von deinem Vorhaben, das *6-Minuten-Tagebuch* täglich zu nutzen. So hältst du dich selbst verantwortlich und baust einen sanften positiven Druck auf, der äußerst hilfreich sein kann, um dranzubleiben.[66] Man will den anderen schließlich zeigen, dass man das Angekündigte auch schafft. Außerdem inspirierst du so auch andere dazu, ihre eigenen Ziele voranzutreiben.

Tipp 6
Bilde Kategorien

Auch wenn du die besten Absichten hast, bei deinen Einträgen stets emotional involviert zu sein, ist eine Schreibblockade auf Dauer unvermeidbar. Entweder nimmst du dir dann etwas mehr Zeit, um zu fühlen, was du schreibst (jetzt denkst du vielleicht «Ich hab aber nicht alle Zeit der Welt und muss auch irgendwann los zur Arbeit!»), oder du versuchst mal diesen nicht so zeitintensiven Weg: Anstatt einfach nur aufzuschreiben, wofür du spontan dankbar bist, kannst du deine Dankbarkeit auch auf bestimmte Lebensbereiche richten. Bilde dir einfach deine ganz individuellen Kategorien wie zum Beispiel:

1. Persönliche Beziehungen: Familie, Freunde, Partner, Eltern, Arbeitskollegen, Kunden, Katzen, Hunde, ...
2. Ereignisse: etwas Tolles, das gestern (letzte Woche, letzten Monat, ...) passiert ist/eine Gelegenheit, die sich dir heute (morgen, nächste Woche, nächsten Monat, ...) bieten könnte
3. Die Natur: Vogelgezwitscher, schöne Wolkenformationen, blühende Blumen, der Duft von frisch gemähtem Gras, der goldrote Sonnenuntergang, ...
4. Simple Dinge des Lebens: die sanfte Berührung eines netten Menschen, das Lächeln eines Babys, deine neue Playlist, das kuschelige Gefühl von deinem Lieblingspullover, ...
5. Deine Gesundheit: Bewegung, Verdauung, Ernährung, Atmung, Spiritualität, Schlaf, ...

Konzentriere dich einen Tag lang auf deine Familie oder lege eine Woche lang dein Augenmerk auf deine Freunde. Ebenso kannst du den Schwerpunkt auf eine alte Beziehung in deinem Leben legen, die dir ganz besonders geholfen hat. Lass deiner Kreativität freien Lauf. Kreiere für eine Woche dein eigenes «Fitness-*6-Minuten-Tagebuch*» oder «Beziehungs-*6-Minuten-Tagebuch*». Die Kunst ist auch hier, deinen eigenen Stil zu finden. Viele Wege führen nach Rom und eben auch zum Glück.

Das Tagebuch

... jetzt bist du gefragt, endlich kann's losgehen!

Bevor es losgeht: Bewerte die folgenden Bereiche deines Lebens. Zeichne zusätzlich rechts neben der Skala einen Pfeil, um zu zeigen, ob sich der Bereich verbessert oder verschlechtert. Diese Bewertung führst du alle vier Wochen durch. 1 ist hier das Schlechteste und 10 das Bestmögliche.

Dein Monats-Check

Gesamtstimmung	1	2	3	4	5	6	7	8	9	10
Dankbarkeit	1	2	3	4	5	6	7	8	9	10
Achtsamkeit	1	2	3	4	5	6	7	8	9	10
Familie	1	2	3	4	5	6	7	8	9	10
Freunde	1	2	3	4	5	6	7	8	9	10
Partnerschaft	1	2	3	4	5	6	7	8	9	10
Spaß	1	2	3	4	5	6	7	8	9	10
Ruhe & Gelassenheit	1	2	3	4	5	6	7	8	9	10
Zeit für dich	1	2	3	4	5	6	7	8	9	10
Gesund essen	1	2	3	4	5	6	7	8	9	10
Wasser trinken	1	2	3	4	5	6	7	8	9	10
Sport	1	2	3	4	5	6	7	8	9	10
Nach draußen gehen	1	2	3	4	5	6	7	8	9	10
Gesundheit	1	2	3	4	5	6	7	8	9	10
Kreativität	1	2	3	4	5	6	7	8	9	10
Finanzen	1	2	3	4	5	6	7	8	9	10
Arbeit & Ausbildungen	1	2	3	4	5	6	7	8	9	10
Gedanken & Emotionen	1	2	3	4	5	6	7	8	9	10
Die Gegenwart	1	2	3	4	5	6	7	8	9	10
Die Zukunft	1	2	3	4	5	6	7	8	9	10

Beispiel:

Dankbarkeit	1	2	3	4	5	6	(7)	8	9	10	←

Du kennst sie bereits: die allmächtige Macht der Gewohnheit. Nun kannst du sie nutzen, um deine eigenen Gewohnheiten in die richtige Richtung zu lenken.

Welche positive Gewohnheit möchtest du aufbauen? – Alle zwei Tage zum Sport, keine Zigaretten rauchen, täglich 20 Minuten lesen oder auch jeden Tag drei High Fives verteilen... Egal, ob du neue Gewohnheiten in dein Leben holen oder bereits vorhandene nachverfolgen möchtest, der Gewohnheits-Tracker hilft dir dabei.

Beispiel:

1 Liter Wasser trinken

~~1~~	2	~~3~~	~~4~~	~~5~~	6	7	~~8~~	~~9~~	~~10~~	~~11~~	12	~~13~~	14	~~15~~	~~16~~
~~17~~	~~18~~	~~19~~	20	~~21~~	~~22~~	~~23~~	~~24~~	~~25~~	~~26~~	27	~~28~~	~~29~~	~~30~~	~~31~~	

Dein Gewohnheits-Tracker

1	2	3	4	5	6	7	8	9	10	11	12	13	14	15	16
17	18	19	20	21	22	23	24	25	26	27	28	29	30	31	

1	2	3	4	5	6	7	8	9	10	11	12	13	14	15	16
17	18	19	20	21	22	23	24	25	26	27	28	29	30	31	

1	2	3	4	5	6	7	8	9	10	11	12	13	14	15	16
17	18	19	20	21	22	23	24	25	26	27	28	29	30	31	

**Wir sind das, was wir wiederholt tun.
Daher ist Vortrefflichkeit keine Handlung,
sondern eine Gewohnheit.**

Aristoteles

Wöchentliche 5 Fragen

Was ist gerade deine größte Sorge? Stell dir vor, diese Sorge wäre die deines besten Freundes. Welchen Rat würdest du ihm geben?

Wer ist aktuell dein bester Freund / deine beste Freundin? Wofür bist du dieser Person am meisten dankbar? Wofür, denkst du, ist sie dir am dankbarsten?

Wofür liebst du dich? Was magst du am meisten an dir und warum?

Zeit für eine Zeitreise: Erinnere dich an dich selbst als Kind. Welchen Ratschlag würdest du dir selbst für die Zukunft geben?

Wann hast du das letzte Mal Freudentränen geweint? Wann hattest du das letzte Mal einen positiven Moment, der dir Gänsehaut bereitet hat?

Mo Di Mi Do Fr Sa So ………………

Ich bin dankbar für …

1. ……………………………………………………………………………
2. ……………………………………………………………………………
3. ……………………………………………………………………………

So sorge ich für einen guten Tag …

……………………………………………………………………………
……………………………………………………………………………
……………………………………………………………………………
……………………………………………………………………………
……………………………………………………………………………

Positive Selbstbekräftigung

……………………………………………………………………………
……………………………………………………………………………

Wöchentliche Herausforderung

Schreibe dir selbst eine E-Mail, die du erhältst, wenn du *Das 6-Minuten-Tagebuch* ausgefüllt hast (z. B. auf www.zukunftsmail.com). Hier hältst du fest, wo du dich und dein Leben zu diesem Zeitpunkt siehst.

Was habe ich heute Gutes für jemanden (für mich) getan?

……………………………………………………………………………
……………………………………………………………………………

Was habe ich heute gelernt?

……………………………………………………………………………
……………………………………………………………………………

Tolle Dinge, die ich heute erlebt habe …

1. ……………………………………………………………………………
2. ……………………………………………………………………………
3. ……………………………………………………………………………

Mo Di Mi Do Fr Sa So ....

Ich bin dankbar für ...

1. ....

2. ....

3. ....

So sorge ich für einen guten Tag ...

....

....

....

....

....

Positive Selbstbekräftigung

....

....

Auch eine Reise von
tausend Meilen beginnt mit
dem ersten Schritt.

Laotse

Was habe ich heute Gutes für jemanden (für mich) getan?

....

....

Was habe ich heute gelernt?

....

....

Tolle Dinge, die ich heute erlebt habe ...

1. ....

2. ....

3. ....

Mo Di Mi Do Fr Sa So ....

Ich bin dankbar für ...

1. ....
2. ....
3. ....

So sorge ich für einen guten Tag ...

....

....

....

....

....

Positive Selbstbekräftigung

....

....

Wer Glück will, muss erwerben,
was ihm kein Schicksalsschlag entreißen kann.
Aurelius Augustinus

Was habe ich heute Gutes für jemanden (für mich) getan?

....

....

Was habe ich heute gelernt?

....

....

Tolle Dinge, die ich heute erlebt habe ...

1. ....
2. ....
3. ....

Mo Di Mi Do Fr Sa So ....

Ich bin dankbar für ...

1. ....
2. ....
3. ....

So sorge ich für einen guten Tag ...

....
....
....
....
....

Positive Selbstbekräftigung

....
....

Der höchste Lohn für unsere Bemühungen
ist nicht das, was wir dafür bekommen,
sondern das, was wir dadurch werden.

John Ruskin

Was habe ich heute Gutes für jemanden (für mich) getan?

....
....

Was habe ich heute gelernt?

....
....

Tolle Dinge, die ich heute erlebt habe ...

1. ....
2. ....
3. ....

Mo Di Mi Do Fr Sa So ....

Ich bin dankbar für ...

1. ....

2. ....

3. ....

So sorge ich für einen guten Tag ...

....

....

....

....

....

Positive Selbstbekräftigung

....

....

Sei dankbar für das, was du hast; warte auf das Übrige
und sei froh, dass du noch nicht alles hast.
Es ist auch ein Vergnügen, noch auf etwas zu hoffen.

Lucius Annaeus Seneca

Was habe ich heute Gutes für jemanden (für mich) getan?

....

....

Was habe ich heute gelernt?

....

....

Tolle Dinge, die ich heute erlebt habe ...

1. ....

2. ....

3. ....

Mo Di Mi Do Fr Sa So ....

Ich bin dankbar für ...

1. ....

2. ....

3. ....

So sorge ich für einen guten Tag ...

....

....

....

....

....

Positive Selbstbekräftigung

....

....

Du kannst deine Augen schließen, wenn du etwas
nicht sehen willst, aber du kannst nicht dein Herz verschließen,
wenn du etwas nicht fühlen willst.[67]

Johnny Depp

Was habe ich heute Gutes für jemanden (für mich) getan?

....

....

Was habe ich heute gelernt?

....

....

Tolle Dinge, die ich heute erlebt habe ...

1. ....

2. ....

3. ....

Mo Di Mi Do Fr Sa So ....

Ich bin dankbar für ...

1. ....

2. ....

3. ....

So sorge ich für einen guten Tag ...

....

....

....

....

....

Positive Selbstbekräftigung

....

....

Ein Optimist steht nicht im Regen,
er duscht unter einer Wolke.[68]

Thomas Romanus

Was habe ich heute Gutes für jemanden (für mich) getan?

....

....

Was habe ich heute gelernt?

....

....

Tolle Dinge, die ich heute erlebt habe ...

1. ....

2. ....

3. ....

Wöchentliche 5 Fragen

Man sagt, du bist der Durchschnitt der fünf Menschen, mit denen du die meiste Zeit verbringst. Wer sind diese fünf Menschen momentan? Inwiefern spiegeln sie wider, wer du bist? Tun dir diese Menschen gut und tust du ihnen gut?

Worauf bist du wirklich stolz? Was genau erfüllt dich daran mit Stolz?

Welches Lob hatte den größten Einfluss auf dich, und wie genau hat es dein Leben beeinflusst? Wann hast du das letzte Mal jemandem ein Kompliment gemacht, über das er/sie sich richtig gefreut hat?

Was würdest du sofort tun, wenn du keine Angst vor Fehlern hättest?

Was glaubst du, denken die meisten Menschen innerhalb der ersten Sekunden, wenn sie dir zum ersten Mal begegnen?

Wöchentliche Notizen

Mo Di Mi Do Fr Sa So ....

Ich bin dankbar für ...

1. ....

2. ....

3. ....

So sorge ich für einen guten Tag ...

....

....

....

....

....

Positive Selbstbekräftigung

....

....

Wöchentliche Herausforderung
Tu etwas für eine Person,
die niemals damit rechnen würde.

Was habe ich heute Gutes für jemanden (für mich) getan?

....

....

Was habe ich heute gelernt?

....

....

Tolle Dinge, die ich heute erlebt habe ...

1. ....

2. ....

3. ....

Ich bin dankbar für ...

1. ....
2. ....
3. ....

So sorge ich für einen guten Tag ...

....
....
....
....
....

Positive Selbstbekräftigung

....
....

Die größten Schwierigkeiten liegen da,
wo wir sie suchen.
Johann Wolfgang von Goethe

Was habe ich heute Gutes für jemanden (für mich) getan?

....
....

Was habe ich heute gelernt?

....
....

Tolle Dinge, die ich heute erlebt habe ...

1. ....
2. ....
3. ....

Mo Di Mi Do Fr Sa So ....

Ich bin dankbar für ...

1. ....
2. ....
3. ....

So sorge ich für einen guten Tag ...

....
....
....
....
....

Positive Selbstbekräftigung

....
....

Ein Tropfen Liebe ist mehr
als ein Ozean Verstand.
Blaise Pascal

Was habe ich heute Gutes für jemanden (für mich) getan?

....
....

Was habe ich heute gelernt?

....
....

Tolle Dinge, die ich heute erlebt habe ...

1. ....
2. ....
3. ....

Mo Di Mi Do Fr Sa So ………………

Ich bin dankbar für …

1. ……………………………………………………………………

2. ……………………………………………………………………

3. ……………………………………………………………………

So sorge ich für einen guten Tag …

……………………………………………………………………

……………………………………………………………………

……………………………………………………………………

……………………………………………………………………

……………………………………………………………………

Positive Selbstbekräftigung

……………………………………………………………………

……………………………………………………………………

Wir bestreiten unseren Lebensunterhalt mit dem,
was wir bekommen, aber wir leben von dem, was wir geben.

Winston Churchill

Was habe ich heute Gutes für jemanden (für mich) getan?

……………………………………………………………………

……………………………………………………………………

Was habe ich heute gelernt?

……………………………………………………………………

……………………………………………………………………

Tolle Dinge, die ich heute erlebt habe …

1. ……………………………………………………………………

2. ……………………………………………………………………

3. ……………………………………………………………………

Mo Di Mi Do Fr Sa So ....

Ich bin dankbar für ...

1. ....
2. ....
3. ....

So sorge ich für einen guten Tag ...

....
....
....
....
....

Positive Selbstbekräftigung

....
....

Weise Lebensführung gelingt keinem Menschen durch Zufall.
Man muss, solange man lebt, lernen, wie man leben soll.
Lucius Annaeus Seneca

Was habe ich heute Gutes für jemanden (für mich) getan?

....
....

Was habe ich heute gelernt?

....
....

Tolle Dinge, die ich heute erlebt habe ...

1. ....
2. ....
3. ....

Mo Di Mi Do Fr Sa So ....

Ich bin dankbar für ...

1. ....

2. ....

3. ....

So sorge ich für einen guten Tag ...

....

....

....

....

....

Positive Selbstbekräftigung

....

....

Wir müssen die Veränderung sein,
die wir in der Welt sehen wollen.[69]
Mahatma Gandhi

Was habe ich heute Gutes für jemanden (für mich) getan?

....

....

Was habe ich heute gelernt?

....

....

Tolle Dinge, die ich heute erlebt habe ...

1. ....

2. ....

3. ....

Mo Di Mi Do Fr Sa So ....

Ich bin dankbar für ...

1. ....
2. ....
3. ....

So sorge ich für einen guten Tag ...

....
....
....
....
....

Positive Selbstbekräftigung

....
....

Früchte reifen durch die Sonne,
Menschen reifen durch die Liebe.
Julius Langbehn

Was habe ich heute Gutes für jemanden (für mich) getan?

....
....

Was habe ich heute gelernt?

....
....

Tolle Dinge, die ich heute erlebt habe ...

1. ....
2. ....
3. ....

Wöchentliche 5 Fragen

Was sind momentan die drei größten Prioritäten in deinem Leben?
Worauf möchtest du deine Energie und Zeit wirklich fokussieren?

Basierend auf deinen täglichen Handlungen und Routinen:
Wo siehst du dich in fünf Jahren? Was für ein Mensch wirst du sein, wenn du weiterhin regelmäßig das tust, was du jetzt tust?

Womit würdest du deine Zeit verbringen,
wenn du für zwei Jahre ins Gefängnis müsstest?

Glaubst du, du musst etwas leisten, um etwas wert zu sein?

Wenn du bei einem Speed-Date nur eine Sache
von dir erzählen dürftest, was wäre das?

Wöchentliche Notizen

Ich bin dankbar für ...

1. ....
2. ....
3. ....

So sorge ich für einen guten Tag ...

....
....
....
....
....

Positive Selbstbekräftigung

....
....

Wöchentliche Herausforderung

Was ist deine größte Schwäche? Arbeite diese Woche jeden Tag zehn Minuten daran, wie du daraus eine Stärke machen könntest.

Was habe ich heute Gutes für jemanden (für mich) getan?

....
....

Was habe ich heute gelernt?

....
....

Tolle Dinge, die ich heute erlebt habe ...

1. ....
2. ....
3. ....

Mo Di Mi Do Fr Sa So ....

Ich bin dankbar für ...

1. ....
2. ....
3. ....

So sorge ich für einen guten Tag ...

....
....
....
....
....

Positive Selbstbekräftigung

....
....

Die Gesundheit überwiegt alle äußeren Güter so sehr,
dass ein gesunder Bettler glücklicher als ein kranker König ist.

Arthur Schopenhauer

Was habe ich heute Gutes für jemanden (für mich) getan?

....
....

Was habe ich heute gelernt?

....
....

Tolle Dinge, die ich heute erlebt habe ...

1. ....
2. ....
3. ....

Mo Di Mi Do Fr Sa So ....

Ich bin dankbar für ...

1. ....
2. ....
3. ....

So sorge ich für einen guten Tag ...

....
....
....
....
....

Positive Selbstbekräftigung

....
....

Suche von den Dingen, die du hast, die besten aus
und bedenke dann, wie eifrig du nach ihnen gesucht
haben würdest, wenn du sie nicht hättest.

Mark Aurel

Was habe ich heute Gutes für jemanden (für mich) getan?

....
....

Was habe ich heute gelernt?

....
....

Tolle Dinge, die ich heute erlebt habe ...

1. ....
2. ....
3. ....

Mo Di Mi Do Fr Sa So ....

Ich bin dankbar für ...

1. ....
2. ....
3. ....

So sorge ich für einen guten Tag ...

....
....
....
....
....

Positive Selbstbekräftigung

....
....

Die meisten Menschen überschätzen,
was sie in einem Jahr, und unterschätzen,
was sie in zehn Jahren erreichen können.[70]

Bill Gates

Was habe ich heute Gutes für jemanden (für mich) getan?

....
....

Was habe ich heute gelernt?

....
....

Tolle Dinge, die ich heute erlebt habe ...

1. ....
2. ....
3. ....

Mo Di Mi Do Fr Sa So ....

Ich bin dankbar für ...

1. ....

2. ....

3. ....

So sorge ich für einen guten Tag ...

....

....

....

....

....

Positive Selbstbekräftigung

....

....

Nutze die Talente, die du hast.
Die Wälder wären sehr still,
wenn nur die begabtesten Vögel sängen.

Henry van Dyke

Was habe ich heute Gutes für jemanden (für mich) getan?

....

....

Was habe ich heute gelernt?

....

....

Tolle Dinge, die ich heute erlebt habe ...

1. ....

2. ....

3. ....

Mo Di Mi Do Fr Sa So ....

Ich bin dankbar für ...

1. ....

2. ....

3. ....

So sorge ich für einen guten Tag ...

....

....

....

....

....

Positive Selbstbekräftigung

....

....

Der höchste Lohn für unsere Bemühungen
ist nicht das, was wir dafür bekommen, sondern das,
was wir dadurch werden.

John Ruskin

Was habe ich heute Gutes für jemanden (für mich) getan?

....

....

Was habe ich heute gelernt?

....

....

Tolle Dinge, die ich heute erlebt habe ...

1. ....

2. ....

3. ....

Mo Di Mi Do Fr Sa So ....

Ich bin dankbar für ...

1. ....

2. ....

3. ....

So sorge ich für einen guten Tag ...

....

....

....

....

....

Positive Selbstbekräftigung

....

....

Der beste Weg, einen Freund zu haben,
ist der, selbst einer zu sein.

Ralph Waldo Emerson

Was habe ich heute Gutes für jemanden (für mich) getan?

....

....

Was habe ich heute gelernt?

....

....

Tolle Dinge, die ich heute erlebt habe ...

1. ....

2. ....

3. ....

Drei Wochen

... höchste Zeit, dich selbst zu feiern!

Wenn du bis hierhin gekommen bist, kann man davon ausgehen, dass du nachhaltig daran interessiert bist, etwas ganz Besonderes aus deinem Leben zu machen, und das auch tun wirst. Gratulation!

Wann hast du dir das letzte Mal ein paar Minuten genommen, um einfach stolz auf dich zu sein? Nimm sie dir genau jetzt! Gönn deinem inneren Kritiker eine Auszeit und dir selbst etwas Schönes. Mach dir ganz unverfroren klar, wie toll du bist, und feier dich einfach mal selbst.

Da du auch nur ein Mensch bist, kann es durchaus passieren, dass du das Tagebuch mal ein paar Tage lang nicht nutzt. Wenn das nicht passiert: Super! Falls doch, empfiehlt es sich, die Finger vom Alles-oder-Nichts-Ansatz zu lassen, da dieser oftmals keinen Fortschritt produziert und ein schlechtes Gewissen nach sich zieht.

Was du heute kannst besorgen, das verschiebe nicht auf morgen.
Deutsches Sprichwort

Statt dich schlecht zu fühlen, kannst du dir zum Beispiel erlauben, nur deine Lieblingsfragen zu beantworten oder die Einträge pro Frage zu reduzieren. Gestatte dir, etwas weniger zu tun, um danach wieder zu deiner üblichen 6-Minuten-Routine zurückzufinden.

Wöchentliche 5 Fragen

Wenn du an das Wort «erfolgreich» denkst, welche beiden Personen fallen dir dabei als Erstes ein und warum? Was genau bedeutet Erfolg für dich?

Ob Stärke oder Schwäche ist oft eine Frage der Sichtweise: Welche deiner vermeintlichen Schwächen könnte eine Stärke sein und warum?

In welcher Situation hast du einmal beinahe aufgegeben? Wie hast du dich dabei gefühlt? Und was hat dich dann doch durchhalten lassen?

Was würdest du alles machen, wenn du für einen Tag das Geschlecht wechseln könntest? Worauf würdest du dich am meisten freuen?

Wer und was bringt dich am meisten zum Lachen?

Wöchentliche Notizen

Mo Di Mi Do Fr Sa So ....

Ich bin dankbar für ...

1. ....

2. ....

3. ....

So sorge ich für einen guten Tag ...

....

....

....

....

....

Positive Selbstbekräftigung

....

....

Wöchentliche Herausforderung

Welche Person hatte den größten positiven Einfluss auf dich? Sag dieser Person, dass dies der Fall ist und wie dankbar du dafür bist. Tu das persönlich oder zumindest telefonisch.

Was habe ich heute Gutes für jemanden (für mich) getan?

....

....

Was habe ich heute gelernt?

....

....

Tolle Dinge, die ich heute erlebt habe ...

1. ....

2. ....

3. ....

Mo Di Mi Do Fr Sa So ....

Ich bin dankbar für ...

1. ....

2. ....

3. ....

So sorge ich für einen guten Tag ...

....

....

....

....

....

Positive Selbstbekräftigung

....

....

Es sind nicht die Dinge selbst,
die uns beunruhigen, sondern die Vorstellungen
und Meinungen von den Dingen.

Epiktet

Was habe ich heute Gutes für jemanden (für mich) getan?

....

....

Was habe ich heute gelernt?

....

....

Tolle Dinge, die ich heute erlebt habe ...

1. ....

2. ....

3. ....

Mo Di Mi Do Fr Sa So ....

Ich bin dankbar für ...

1. ....
2. ....
3. ....

So sorge ich für einen guten Tag ...

....
....
....
....
....

Positive Selbstbekräftigung

....
....

Es ist wichtiger, das Richtige zu tun,
als etwas richtig zu tun.[71]

Peter Drucker

Was habe ich heute Gutes für jemanden (für mich) getan?

....
....

Was habe ich heute gelernt?

....
....

Tolle Dinge, die ich heute erlebt habe ...

1. ....
2. ....
3. ....

Mo Di Mi Do Fr Sa So ....

Ich bin dankbar für ...

1. ....

2. ....

3. ....

So sorge ich für einen guten Tag ...

....

....

....

....

....

Positive Selbstbekräftigung

....

....

> Wie bei einem Theaterstück kommt es
> beim Leben nicht darauf an, wie lange es dauert,
> sondern wie gut es gespielt wird.
>
> *Seneca*

Was habe ich heute Gutes für jemanden (für mich) getan?

....

....

Was habe ich heute gelernt?

....

....

Tolle Dinge, die ich heute erlebt habe ...

1. ....

2. ....

3. ....

Mo Di Mi Do Fr Sa So ....

Ich bin dankbar für ...

1. ....

2. ....

3. ....

So sorge ich für einen guten Tag ...

....

....

....

....

....

Positive Selbstbekräftigung

....

....

Der Mann, der den Berg abtrug, war derselbe,
der damit anfing, kleine Steine wegzutragen.
Chinesisches Sprichwort

Was habe ich heute Gutes für jemanden (für mich) getan?

....

....

Was habe ich heute gelernt?

....

....

Tolle Dinge, die ich heute erlebt habe ...

1. ....

2. ....

3. ....

Mo Di Mi Do Fr Sa So ....

Ich bin dankbar für ...

1. ....

2. ....

3. ....

So sorge ich für einen guten Tag ...

....

....

....

....

....

Positive Selbstbekräftigung

....

....

Es ist gut zu geben, auf eine Bitte hin, doch besser ist es, ungebeten zu geben, aus Verständnis für des anderen Not.

Khalil Gibran

Was habe ich heute Gutes für jemanden (für mich) getan?

....

....

Was habe ich heute gelernt?

....

....

Tolle Dinge, die ich heute erlebt habe ...

1. ....

2. ....

3. ....

Mo Di Mi Do Fr Sa So ....

Ich bin dankbar für ...

1. ....

2. ....

3. ....

So sorge ich für einen guten Tag ...

....

....

....

....

....

Positive Selbstbekräftigung

....

....

Dankbare Menschen sind wie fruchtbare Felder.
Sie geben das Empfangene zehnfach zurück.

August von Kotzebue

Was habe ich heute Gutes für jemanden (für mich) getan?

....

....

Was habe ich heute gelernt?

....

....

Tolle Dinge, die ich heute erlebt habe ...

1. ....

2. ....

3. ....

Wöchentliche 5 Fragen

Wie lange ist es her, dass du etwas getan hast, wovon niemand (auch du selbst nicht) erwartet hat, dass du es tust? Wie hast du dich dabei gefühlt?

....

....

....

....

....

Welche lästige Gewohnheit raubt dir Lebensqualität, und mit welcher positiven Gewohnheit kannst du sie ersetzen? Nutze den Gewohnheits-Tracker auf der übernächsten Seite, um diese neue Gewohnheit aufzubauen.

....

....

....

....

Was hat dir als Kind am meisten Spaß gemacht?

....

....

....

....

Woran sollen sich andere nach deinem Tod erinnern, wenn sie an dich denken? Und wenn es das ist, worauf es am Ende ankommt, wie wichtig ist es dann jetzt schon?

....

....

....

Wenn du auswandern könntest, wohin würdest du am liebsten ziehen und warum gerade an diesen Ort?

....

....

....

Wöchentliche Notizen

Dein Monats-Check

Gesamtstimmung	1	2	3	4	5	6	7	8	9	10
Dankbarkeit	1	2	3	4	5	6	7	8	9	10
Achtsamkeit	1	2	3	4	5	6	7	8	9	10
Familie	1	2	3	4	5	6	7	8	9	10
Freunde	1	2	3	4	5	6	7	8	9	10
Partnerschaft	1	2	3	4	5	6	7	8	9	10
Spaß	1	2	3	4	5	6	7	8	9	10
Ruhe & Gelassenheit	1	2	3	4	5	6	7	8	9	10
Zeit für dich	1	2	3	4	5	6	7	8	9	10
Gesund essen	1	2	3	4	5	6	7	8	9	10
Wasser trinken	1	2	3	4	5	6	7	8	9	10
Sport	1	2	3	4	5	6	7	8	9	10
Nach draußen gehen	1	2	3	4	5	6	7	8	9	10
Gesundheit	1	2	3	4	5	6	7	8	9	10
Kreativität	1	2	3	4	5	6	7	8	9	10
Finanzen	1	2	3	4	5	6	7	8	9	10
Arbeit & Ausbildungen	1	2	3	4	5	6	7	8	9	10
Gedanken & Emotionen	1	2	3	4	5	6	7	8	9	10
Die Gegenwart	1	2	3	4	5	6	7	8	9	10
Die Zukunft	1	2	3	4	5	6	7	8	9	10

Dein Gewohnheits-Tracker

1	2	3	4	5	6	7	8	9	10	11	12	13	14	15	16
17	18	19	20	21	22	23	24	25	26	27	28	29	30	31	

1	2	3	4	5	6	7	8	9	10	11	12	13	14	15	16
17	18	19	20	21	22	23	24	25	26	27	28	29	30	31	

1	2	3	4	5	6	7	8	9	10	11	12	13	14	15	16
17	18	19	20	21	22	23	24	25	26	27	28	29	30	31	

Mo Di Mi Do Fr Sa So ....

Ich bin dankbar für …

1. ....
2. ....
3. ....

So sorge ich für einen guten Tag …

....
....
....
....
....

Positive Selbstbekräftigung

....
....

Wöchentliche Herausforderung

Trink in dieser Woche keinen Schluck Alkohol. Wenn du das ohnehin nicht tust, verzichte auf jegliche Form zuckerhaltiger Getränke (Fruchtsäfte, Softdrinks, Milch & Co.).

Was habe ich heute Gutes für jemanden (für mich) getan?

....
....

Was habe ich heute gelernt?

....
....

Tolle Dinge, die ich heute erlebt habe …

1. ....
2. ....
3. ....

Mo Di Mi Do Fr Sa So ....

Ich bin dankbar für ...

1. ....

2. ....

3. ....

So sorge ich für einen guten Tag ...

....

....

....

....

....

Positive Selbstbekräftigung

....

....

Die Zukunft, die wir uns wünschen,
werden wir nur bekommen,
wenn wir eine Vision von ihr haben.[72]

Per Dalin

Was habe ich heute Gutes für jemanden (für mich) getan?

....

....

Was habe ich heute gelernt?

....

....

Tolle Dinge, die ich heute erlebt habe ...

1. ....

2. ....

3. ....

Mo Di Mi Do Fr Sa So ....

Ich bin dankbar für ...

1. ....
2. ....
3. ....

So sorge ich für einen guten Tag ...

....
....
....
....
....

Positive Selbstbekräftigung

....
....

Günstige Winde kann nur der nutzen,
der weiß, wohin er will.
Oscar Wilde

Was habe ich heute Gutes für jemanden (für mich) getan?

....
....

Was habe ich heute gelernt?

....
....

Tolle Dinge, die ich heute erlebt habe ...

1. ....
2. ....
3. ....

Mo Di Mi Do Fr Sa So ....

Ich bin dankbar für ...

1. ....

2. ....

3. ....

So sorge ich für einen guten Tag ...

....

....

....

....

....

Positive Selbstbekräftigung

....

....

Das Gestern ist fort, das Morgen nicht da.
Leb also heute!
Pythagoras von Samos

Was habe ich heute Gutes für jemanden (für mich) getan?

....

....

Was habe ich heute gelernt?

....

....

Tolle Dinge, die ich heute erlebt habe ...

1. ....

2. ....

3. ....

Mo Di Mi Do Fr Sa So ....

Ich bin dankbar für ...

1. ....

2. ....

3. ....

So sorge ich für einen guten Tag ...

....

....

....

....

....

Positive Selbstbekräftigung

....

....

Die meisten Menschen sind so glücklich,
wie sie es sich selbst vorgenommen haben.
Abraham Lincoln

Was habe ich heute Gutes für jemanden (für mich) getan?

....

....

Was habe ich heute gelernt?

....

....

Tolle Dinge, die ich heute erlebt habe ...

1. ....

2. ....

3. ....

Mo Di Mi Do Fr Sa So ....

Ich bin dankbar für ...

1. ....
2. ....
3. ....

So sorge ich für einen guten Tag ...

....
....
....
....
....

Positive Selbstbekräftigung

....
....

Begegnet uns jemand, der uns Dank schuldig ist,
gleich fällt es uns ein. Wie oft können wir jemandem begegnen,
dem wir Dank schuldig sind, ohne daran zu denken.

Johann Wolfgang von Goethe

Was habe ich heute Gutes für jemanden (für mich) getan?

....
....

Was habe ich heute gelernt?

....
....

Tolle Dinge, die ich heute erlebt habe ...

1. ....
2. ....
3. ....

Mo Di Mi Do Fr Sa So ....

Ich bin dankbar für ...

1. ....
2. ....
3. ....

So sorge ich für einen guten Tag ...

....
....
....
....
....

Positive Selbstbekräftigung

....
....

Den Menschen ist allen zuteil geworden,
sich selbst zu erkennen und gesund zu leben.
Heraklit

Was habe ich heute Gutes für jemanden (für mich) getan?

....
....

Was habe ich heute gelernt?

....
....

Tolle Dinge, die ich heute erlebt habe ...

1. ....
2. ....
3. ....

Wöchentliche 5 Fragen

Ich sag «Leben» – du sagst was? Denk nicht nach, sondern überlass der Willkür die Zügel. Schreib einfach unzensiert die ersten Worte auf, die dir durch den Kopf schießen und lass dich überraschen.

Leben: ....

Humor: ....

Angst: ....

Liebe: ....

Trauer: ....

Ehrlichkeit: ....

Zukunft: ....

Was sind die zwei Gedanken, die du momentan am häufigsten hast?

....

....

....

....

....

Was ist deiner Meinung nach das Beste daran, älter zu werden?

....

....

....

....

Wer sind momentan die drei oder vier wichtigsten Personen in deinem Leben? Wer waren diese Menschen vor zehn Jahren?

....

....

....

Wenn du vor 100 000 Zuschauern eine Rede über ein Thema deiner Wahl halten müsstest, worüber würdest du sprechen?

....

....

Mo Di Mi Do Fr Sa So ....

Ich bin dankbar für ...

1. ....
2. ....
3. ....

So sorge ich für einen guten Tag ...

....
....
....
....
....

Positive Selbstbekräftigung

....
....

Wöchentliche Herausforderung

Gib einem Obdachlosen in deiner Stadt etwas zu essen oder zu trinken – ein Brötchen, eine Banane oder vielleicht einen Kaffee oder Tee.

Was habe ich heute Gutes für jemanden (für mich) getan?

....
....

Was habe ich heute gelernt?

....
....

Tolle Dinge, die ich heute erlebt habe ...

1. ....
2. ....
3. ....

Mo Di Mi Do Fr Sa So ....

Ich bin dankbar für ...

1. ....

2. ....

3. ....

So sorge ich für einen guten Tag ...

....

....

....

....

....

Positive Selbstbekräftigung

....

....

Wahre Freundschaft ist eine sehr
langsam wachsende Pflanze.

George Washington

Was habe ich heute Gutes für jemanden (für mich) getan?

....

....

Was habe ich heute gelernt?

....

....

Tolle Dinge, die ich heute erlebt habe ...

1. ....

2. ....

3. ....

Mo Di Mi Do Fr Sa So ....

Ich bin dankbar für ...

1. ....

2. ....

3. ....

So sorge ich für einen guten Tag ...

....

....

....

....

....

Positive Selbstbekräftigung

....

....

Es gibt keinen Weg zum Glück.
Glücklichsein ist der Weg.

Buddha

Was habe ich heute Gutes für jemanden (für mich) getan?

....

....

Was habe ich heute gelernt?

....

....

Tolle Dinge, die ich heute erlebt habe ...

1. ....

2. ....

3. ....

Mo Di Mi Do Fr Sa So ....

Ich bin dankbar für ...

1. ....

2. ....

3. ....

So sorge ich für einen guten Tag ...

Positive Selbstbekräftigung

Wenn alle Tage im Jahr gefeiert würden,
wäre Spiel so lästig wie Arbeit.
William Shakespeare

Was habe ich heute Gutes für jemanden (für mich) getan?

Was habe ich heute gelernt?

Tolle Dinge, die ich heute erlebt habe ...

1. ....

2. ....

3. ....

Mo Di Mi Do Fr Sa So ....

Ich bin dankbar für ...

1. ....
2. ....
3. ....

So sorge ich für einen guten Tag ...

....
....
....
....
....

Positive Selbstbekräftigung

....
....

Das Leben ist eine große Leinwand,
bemale sie so bunt du kannst.[73]

Danny Kaye

Was habe ich heute Gutes für jemanden (für mich) getan?

....
....

Was habe ich heute gelernt?

....
....

Tolle Dinge, die ich heute erlebt habe ...

1. ....
2. ....
3. ....

Mo Di Mi Do Fr Sa So ....

Ich bin dankbar für ...

1. ....

2. ....

3. ....

So sorge ich für einen guten Tag ...

....

....

....

....

....

Positive Selbstbekräftigung

....

....

Wer seine Meinung nie zurückzieht,
liebt sich selbst mehr als die Wahrheit.

Joseph Joubert

Was habe ich heute Gutes für jemanden (für mich) getan?

....

....

Was habe ich heute gelernt?

....

....

Tolle Dinge, die ich heute erlebt habe ...

1. ....

2. ....

3. ....

Mo Di Mi Do Fr Sa So ....

Ich bin dankbar für ...

1. ....
2. ....
3. ....

So sorge ich für einen guten Tag ...

....
....
....
....
....

Positive Selbstbekräftigung

....
....

Immer die Wahrheit sagen bringt einem wahrscheinlich
nicht viele Freunde, aber dafür die richtigen.

Unbekannt

Was habe ich heute Gutes für jemanden (für mich) getan?

....
....

Was habe ich heute gelernt?

....
....

Tolle Dinge, die ich heute erlebt habe ...

1. ....
2. ....
3. ....

Wöchentliche 5 Fragen

Welchen Lebenstraum hast du dir bisher erfüllt? Welchen willst du in den nächsten Jahren am dringlichsten verwirklichen, und warum ist er dir so wichtig? Auf welchen konkreten Meilenstein kannst du bereits jetzt hinarbeiten?

Was schätzt du in einer Freundschaft am meisten?
Erfüllst du selbst, was du am meisten schätzt?

Was würdest du tun, wenn du wüsstest, dass du nur noch 1 Jahr zu leben hast?

Du kannst eine gigantische, 100 Meter breite Werbetafel nutzen und sie platzieren, wo du willst. Was würdest du darauf anzeigen und warum?

Welche Anschaffung unter 100 Euro hat dein Leben in den letzten sechs Monaten am positivsten beeinflusst? Wie sah dieser Einfluss aus?

Wöchentliche Notizen

Mo Di Mi Do Fr Sa So ....

Ich bin dankbar für ...

1. ....
2. ....
3. ....

So sorge ich für einen guten Tag ...

....
....
....
....
....

Positive Selbstbekräftigung

....
....

Wöchentliche Herausforderung

Striktes Ausredenverbot! In dieser Woche suchst du die Verantwortung bei dir und nicht bei anderen oder äußeren Umständen. Benutze in dieser Woche keine einzige Ausrede.

Was habe ich heute Gutes für jemanden (für mich) getan?

....
....

Was habe ich heute gelernt?

....
....

Tolle Dinge, die ich heute erlebt habe ...

1. ....
2. ....
3. ....

Mo Di Mi Do Fr Sa So ……………….

Ich bin dankbar für …

1. ……………………………………………………………………………………
2. ……………………………………………………………………………………
3. ……………………………………………………………………………………

So sorge ich für einen guten Tag …

……………………………………………………………………………………
……………………………………………………………………………………
……………………………………………………………………………………
……………………………………………………………………………………
……………………………………………………………………………………

Positive Selbstbekräftigung

……………………………………………………………………………………
……………………………………………………………………………………

Wer zur Quelle will,
muss gegen den Strom schwimmen.
Chinesisches Sprichwort

Was habe ich heute Gutes für jemanden (für mich) getan?

……………………………………………………………………………………
……………………………………………………………………………………

Was habe ich heute gelernt?

……………………………………………………………………………………
……………………………………………………………………………………

Tolle Dinge, die ich heute erlebt habe …

1. ……………………………………………………………………………………
2. ……………………………………………………………………………………
3. ……………………………………………………………………………………

Mo Di Mi Do Fr Sa So ………………

Ich bin dankbar für …

1. ……………………………………………………
2. ……………………………………………………
3. ……………………………………………………

So sorge ich für einen guten Tag …

……………………………………………………
……………………………………………………
……………………………………………………
……………………………………………………
……………………………………………………

Positive Selbstbekräftigung

……………………………………………………
……………………………………………………

Es ist besser, unvollkommen anzupacken,
als perfekt zu zögern.
Thomas A. Edison

Was habe ich heute Gutes für jemanden (für mich) getan?

……………………………………………………
……………………………………………………

Was habe ich heute gelernt?

……………………………………………………
……………………………………………………

Tolle Dinge, die ich heute erlebt habe …

1. ……………………………………………………
2. ……………………………………………………
3. ……………………………………………………

Mo Di Mi Do Fr Sa So ....

Ich bin dankbar für ...

1. ....

2. ....

3. ....

So sorge ich für einen guten Tag ...

....

....

....

....

....

Positive Selbstbekräftigung

....

....

Alles, was wir für uns selbst tun, tun wir auch für andere,
und alles, was wir für andere tun, tun wir auch für uns selbst.

Thich Nhat Hanh

Was habe ich heute Gutes für jemanden (für mich) getan?

....

....

Was habe ich heute gelernt?

....

....

Tolle Dinge, die ich heute erlebt habe ...

1. ....

2. ....

3. ....

Mo Di Mi Do Fr Sa So ....

Ich bin dankbar für ...

1. ....

2. ....

3. ....

So sorge ich für einen guten Tag ...

....

....

....

....

....

Positive Selbstbekräftigung

....

....

Wie du am Ende deines Lebens wünschest gelebt
zu haben, so kannst du jetzt schon leben.

Mark Aurel

Was habe ich heute Gutes für jemanden (für mich) getan?

....

....

Was habe ich heute gelernt?

....

....

Tolle Dinge, die ich heute erlebt habe ...

1. ....

2. ....

3. ....

Mo Di Mi Do Fr Sa So ....

Ich bin dankbar für ...

1. ....

2. ....

3. ....

So sorge ich für einen guten Tag ...

....

....

....

....

....

Positive Selbstbekräftigung

....

....

Wenn dir alles gelingt, was du versuchst,
dann versuchst du nicht genug.[74]
Gordon Moore

Was habe ich heute Gutes für jemanden (für mich) getan?

....

....

Was habe ich heute gelernt?

....

....

Tolle Dinge, die ich heute erlebt habe ...

1. ....

2. ....

3. ....

Mo Di Mi Do Fr Sa So ....

Ich bin dankbar für ...

1. ....

2. ....

3. ....

So sorge ich für einen guten Tag ...

....

....

....

....

....

Positive Selbstbekräftigung

....

....

Jede schwierige Situation, die du jetzt meisterst,
bleibt dir in der Zukunft erspart.[75]

Dalai Lama

Was habe ich heute Gutes für jemanden (für mich) getan?

....

....

Was habe ich heute gelernt?

....

....

Tolle Dinge, die ich heute erlebt habe ...

1. ....

2. ....

3. ....

Wöchentliche 5 Fragen

Wenn du die Augen schließt und dir dich selbst in 10 und 20 Jahren vorstellst, welches Bild siehst du dann? Später ist es bestimmt sehr interessant zu lesen, was du hier geschrieben hast ...

In 10 Jahren: ....

....

....

In 20 Jahren: ....

....

....

Was begeistert dich an der Stadt, in der du lebst?

....

....

....

....

....

....

In welchem Alter warst du bis jetzt am glücklichsten? Was war oder ist an dieser Zeit so besonders?

....

....

....

....

....

Was bleibt von dir, wenn man dir alle Besitztümer und Beziehungen nimmt?

....

....

....

Was war der bisher atemberaubendste Anblick deines Lebens?

....

....

Wöchentliche Notizen

Mo Di Mi Do Fr Sa So ....

Ich bin dankbar für ...

1. ....
2. ....
3. ....

So sorge ich für einen guten Tag ...

....
....
....
....
....

Positive Selbstbekräftigung

....
....

Wöchentliche Herausforderung

Wessen Meinung schätzt du? Frag diese Person, wie du dich ihrer Meinung nach verbessern kannst.

Was habe ich heute Gutes für jemanden (für mich) getan?

....
....

Was habe ich heute gelernt?

....
....

Tolle Dinge, die ich heute erlebt habe ...

1. ....
2. ....
3. ....

Mo Di Mi Do Fr Sa So ....

Ich bin dankbar für ...

1. ....
2. ....
3. ....

So sorge ich für einen guten Tag ...

....

....

....

....

....

Positive Selbstbekräftigung

....

....

Ich bin dankbar, nicht weil es vorteilhaft ist,
sondern weil es Freude macht.
Seneca

Was habe ich heute Gutes für jemanden (für mich) getan?

....

....

Was habe ich heute gelernt?

....

....

Tolle Dinge, die ich heute erlebt habe ...

1. ....
2. ....
3. ....

Mo Di Mi Do Fr Sa So ....

Ich bin dankbar für ...

1. ....
2. ....
3. ....

So sorge ich für einen guten Tag ...

....
....
....
....
....

Positive Selbstbekräftigung

....
....

Denke lieber an das, was du hast,
als an das, was dir fehlt.

Marc Aurel

Was habe ich heute Gutes für jemanden (für mich) getan?

....
....

Was habe ich heute gelernt?

....
....

Tolle Dinge, die ich heute erlebt habe ...

1. ....
2. ....
3. ....

Mo Di Mi Do Fr Sa So ....

Ich bin dankbar für ...

1. ....
2. ....
3. ....

So sorge ich für einen guten Tag ...

....
....
....
....
....

Positive Selbstbekräftigung

....
....

Alte Freunde sind wie alter Wein.
Er wird immer besser, und je älter man wird, desto mehr
lernt man dieses unendliche Gut zu schätzen.

Franz von Assisi

Was habe ich heute Gutes für jemanden (für mich) getan?

....
....

Was habe ich heute gelernt?

....
....

Tolle Dinge, die ich heute erlebt habe ...

1. ....
2. ....
3. ....

Mo Di Mi Do Fr Sa So ………………

Ich bin dankbar für …

1. ……………………………………………………………………………………
2. ……………………………………………………………………………………
3. ……………………………………………………………………………………

So sorge ich für einen guten Tag …

……………………………………………………………………………………
……………………………………………………………………………………
……………………………………………………………………………………
……………………………………………………………………………………
……………………………………………………………………………………

Positive Selbstbekräftigung

……………………………………………………………………………………
……………………………………………………………………………………

Die Welt tritt zur Seite, um jemanden vorbeizulassen,
der weiß, wohin er geht.

David Starr Jordan

Was habe ich heute Gutes für jemanden (für mich) getan?

……………………………………………………………………………………
……………………………………………………………………………………

Was habe ich heute gelernt?

……………………………………………………………………………………
……………………………………………………………………………………

Tolle Dinge, die ich heute erlebt habe …

1. ……………………………………………………………………………………
2. ……………………………………………………………………………………
3. ……………………………………………………………………………………

Mo Di Mi Do Fr Sa So ....

Ich bin dankbar für ...

1. ....

2. ....

3. ....

So sorge ich für einen guten Tag ...

....

....

....

....

....

Positive Selbstbekräftigung

....

....

Man braucht zwei Jahre, um sprechen zu lernen,
fünfzig, um schweigen zu lernen.

Ernest Hemingway

Was habe ich heute Gutes für jemanden (für mich) getan?

....

....

Was habe ich heute gelernt?

....

....

Tolle Dinge, die ich heute erlebt habe ...

1. ....

2. ....

3. ....

Mo Di Mi Do Fr Sa So ....

Ich bin dankbar für ...

1. ....

2. ....

3. ....

So sorge ich für einen guten Tag ...

....

....

....

....

....

Positive Selbstbekräftigung

....

....

Keine Schuld ist dringender als die,
danke zu sagen.
Marcus Tullius Cicero

Was habe ich heute Gutes für jemanden (für mich) getan?

....

....

Was habe ich heute gelernt?

....

....

Tolle Dinge, die ich heute erlebt habe ...

1. ....

2. ....

3. ....

Wöchentliche 5 Fragen

Denke an etwas oder jemand Wichtiges, das oder den du in letzter Zeit verloren hast. Welche positiven Erkenntnisse hast du aus dieser Erfahrung gewonnen?

....

....

....

....

....

Was waren in den letzten Jahren deine größten Ziele? Inwiefern hat deren Verfolgung dein Leben verbessert? Waren das wirklich deine Ziele oder eher Ziele, von denen du dachtest, dass du sie haben «solltest»?

....

....

....

....

....

Du erhältst heute einen Brief von einer 10 Jahre älteren Version von dir. Welchen Ratschlag würde dir dein 10 Jahre älteres Ich für die Zukunft geben?

....

....

....

....

Welche drei Dinge machst du am liebsten mit deinem Partner, wenn du in einer Beziehung bist?

....

....

....

Wie würdest du dein letztes Jahr in einem Satz beschreiben?

....

....

Wöchentliche Notizen

Dein Monats-Check

Gesamtstimmung	1	2	3	4	5	6	7	8	9	10
Dankbarkeit	1	2	3	4	5	6	7	8	9	10
Achtsamkeit	1	2	3	4	5	6	7	8	9	10
Familie	1	2	3	4	5	6	7	8	9	10
Freunde	1	2	3	4	5	6	7	8	9	10
Partnerschaft	1	2	3	4	5	6	7	8	9	10
Spaß	1	2	3	4	5	6	7	8	9	10
Ruhe & Gelassenheit	1	2	3	4	5	6	7	8	9	10
Zeit für dich	1	2	3	4	5	6	7	8	9	10
Gesund essen	1	2	3	4	5	6	7	8	9	10
Wasser trinken	1	2	3	4	5	6	7	8	9	10
Sport	1	2	3	4	5	6	7	8	9	10
Nach draußen gehen	1	2	3	4	5	6	7	8	9	10
Gesundheit	1	2	3	4	5	6	7	8	9	10
Kreativität	1	2	3	4	5	6	7	8	9	10
Finanzen	1	2	3	4	5	6	7	8	9	10
Arbeit & Ausbildungen	1	2	3	4	5	6	7	8	9	10
Gedanken & Emotionen	1	2	3	4	5	6	7	8	9	10
Die Gegenwart	1	2	3	4	5	6	7	8	9	10
Die Zukunft	1	2	3	4	5	6	7	8	9	10

Dein Gewohnheits-Tracker

1	2	3	4	5	6	7	8	9	10	11	12	13	14	15	16
17	18	19	20	21	22	23	24	25	26	27	28	29	30	31	

1	2	3	4	5	6	7	8	9	10	11	12	13	14	15	16
17	18	19	20	21	22	23	24	25	26	27	28	29	30	31	

1	2	3	4	5	6	7	8	9	10	11	12	13	14	15	16
17	18	19	20	21	22	23	24	25	26	27	28	29	30	31	

Mo Di Mi Do Fr Sa So ....

Ich bin dankbar für ...

1. ....

2. ....

3. ....

So sorge ich für einen guten Tag ...

....

....

....

....

....

Positive Selbstbekräftigung

....

....

Wöchentliche Herausforderung

Wähle einen Tag in dieser Woche, an dem du in deiner Freizeit keine elektronischen Geräte (Handy, Laptop, Tablet, Fernseher) benutzt. Fährst du ein Elektroauto, kannst du das natürlich nutzen.

Was habe ich heute Gutes für jemanden (für mich) getan?

....

....

Was habe ich heute gelernt?

....

....

Tolle Dinge, die ich heute erlebt habe ...

1. ....

2. ....

3. ....

Mo Di Mi Do Fr Sa So ....

Ich bin dankbar für ...

1. ....

2. ....

3. ....

So sorge ich für einen guten Tag ...

....

....

....

....

....

Positive Selbstbekräftigung

....

....

Wer der Meinung ist, dass man für Geld
alles haben kann, gerät leicht in den Verdacht,
dass er für Geld alles zu tun bereit ist.

Benjamin Franklin

Was habe ich heute Gutes für jemanden (für mich) getan?

....

....

Was habe ich heute gelernt?

....

....

Tolle Dinge, die ich heute erlebt habe ...

1. ....

2. ....

3. ....

Mo Di Mi Do Fr Sa So ....

Ich bin dankbar für ...

1. ....
2. ....
3. ....

So sorge ich für einen guten Tag ...

....
....
....
....
....

Positive Selbstbekräftigung

....
....

Das Glück besteht darin, in dem zu Maßlosigkeit
neigenden Leben das rechte Maß zu finden.
Leonardo da Vinci

Was habe ich heute Gutes für jemanden (für mich) getan?

....
....

Was habe ich heute gelernt?

....
....

Tolle Dinge, die ich heute erlebt habe ...

1. ....
2. ....
3. ....

Mo Di Mi Do Fr Sa So ....

Ich bin dankbar für ...

1. ....

2. ....

3. ....

So sorge ich für einen guten Tag ...

....

....

....

....

....

Positive Selbstbekräftigung

....

....

Verantwortlich ist man nicht nur für das, was man tut,
sondern auch für das, was man nicht tut.

Laotse

Was habe ich heute Gutes für jemanden (für mich) getan?

....

....

Was habe ich heute gelernt?

....

....

Tolle Dinge, die ich heute erlebt habe ...

1. ....

2. ....

3. ....

Mo Di Mi Do Fr Sa So ....

Ich bin dankbar für ...

1. ....

2. ....

3. ....

So sorge ich für einen guten Tag ...

....

....

....

....

....

Positive Selbstbekräftigung

....

....

Aus der Pflege glücklicher Gedanken und Gewohnheiten
entsteht auch ein glückhaftes Leben.[76]

Norman Vincent Peale

Was habe ich heute Gutes für jemanden (für mich) getan?

....

....

Was habe ich heute gelernt?

....

....

Tolle Dinge, die ich heute erlebt habe ...

1. ....

2. ....

3. ....

Mo Di Mi Do Fr Sa So ………………

Ich bin dankbar für …

1. ……………………………………………………………………………………
2. ……………………………………………………………………………………
3. ……………………………………………………………………………………

So sorge ich für einen guten Tag …

……………………………………………………………………………………
……………………………………………………………………………………
……………………………………………………………………………………
……………………………………………………………………………………
……………………………………………………………………………………

Positive Selbstbekräftigung

……………………………………………………………………………………
……………………………………………………………………………………

Niemand weiß, was er kann,
bis er es probiert hat.
Publilius Syrus

Was habe ich heute Gutes für jemanden (für mich) getan?

……………………………………………………………………………………
……………………………………………………………………………………

Was habe ich heute gelernt?

……………………………………………………………………………………
……………………………………………………………………………………

Tolle Dinge, die ich heute erlebt habe …

1. ……………………………………………………………………………………
2. ……………………………………………………………………………………
3. ……………………………………………………………………………………

Mo Di Mi Do Fr Sa So ....

Ich bin dankbar für ...

1. ....

2. ....

3. ....

So sorge ich für einen guten Tag ...

....

....

....

....

....

Positive Selbstbekräftigung

....

....

Man kann nie glücklich werden, wenn sich das,
woran man glaubt, nicht mit dem deckt, was man tut.

Ralph Waldo Emerson

Was habe ich heute Gutes für jemanden (für mich) getan?

....

....

Was habe ich heute gelernt?

....

....

Tolle Dinge, die ich heute erlebt habe ...

1. ....

2. ....

3. ....

Wöchentliche 5 Fragen

Wer ist dein größtes Vorbild und warum ausgerechnet diese Person?

Wenn du ab heute ein halbes Jahr lang bezahlten Urlaub hättest, was würdest du in diesem halben Jahr machen?

Worin unterscheidest du dich von den meisten Menschen? Wie empfindest du diese Unterschiede?

«Wow, ich hab ganz vergessen, Mittag zu essen!» Bei welcher Aktivität kannst du vergessen zu essen oder auf die Toilette zu gehen, weil du so vertieft bist?

Glaubst du an ein Leben nach dem Tod? Wenn ja, wie genau stellst du es dir vor? Wenn nein, würdest du gerne daran glauben?

Wöchentliche Notizen

Mo Di Mi Do Fr Sa So ....

Ich bin dankbar für ...

1. ....
2. ....
3. ....

So sorge ich für einen guten Tag ...

....
....
....
....
....

Positive Selbstbekräftigung

....
....

Wöchentliche Herausforderung

Grüße jeden Tag eine fremde Person mit einem Lächeln und einem «Hallo», «Guten Morgen», «Guten Tag» oder «Guten Abend».

Was habe ich heute Gutes für jemanden (für mich) getan?

....
....

Was habe ich heute gelernt?

....
....

Tolle Dinge, die ich heute erlebt habe ...

1. ....
2. ....
3. ....

Mo Di Mi Do Fr Sa So ....

Ich bin dankbar für ...

1. ....
2. ....
3. ....

So sorge ich für einen guten Tag ...

....
....
....
....
....

Positive Selbstbekräftigung

....
....

Wer neu anfangen will, soll es sofort tun,
denn eine überwundene Schwierigkeit vermeidet hundert neue.
Konfuzius

Was habe ich heute Gutes für jemanden (für mich) getan?

....
....

Was habe ich heute gelernt?

....
....

Tolle Dinge, die ich heute erlebt habe ...

1. ....
2. ....
3. ....

Mo Di Mi Do Fr Sa So ....

Ich bin dankbar für ...

1. ....

2. ....

3. ....

So sorge ich für einen guten Tag ...

....

....

....

....

....

Positive Selbstbekräftigung

....

....

Verstehen kann man das Leben oft nur rückwärts,
doch leben muss man es vorwärts.

Sören Kierkegaard

Was habe ich heute Gutes für jemanden (für mich) getan?

....

....

Was habe ich heute gelernt?

....

....

Tolle Dinge, die ich heute erlebt habe ...

1. ....

2. ....

3. ....

66 Tage

... das 6-Minuten-Tagebuch
ist jetzt Teil von dir.

Es gibt nichts Gutes,
außer man tut es.
Erich Kästner

Du tust es! Wenn du diese Zeilen liest, gehörst du zum kleinen Kreis der Macher. Zu den Frauen und Männern der Tat. Sei stolz auf dich! Blättere durch die beschriebenen Seiten und genieße die Aussicht!

Sechsen über Sechsen: Du hast *Das 6-Minuten-Tagebuch* 66 Tage lang genutzt und kannst dich erst einmal einen Moment lang auf deinen Lorbeeren ausruhen. Wie du im Sachbuch gelesen hast, sind neue Gewohnheiten nach 66 Tagen verwurzelt.

Das *6-Minuten-Tagebuch* gehört also ab heute zu dir!

Okay, natürlich ist diese Zeitangabe nicht punktgenau, aber die Hauptsache ist: Du bist auf dem goldrichtigen Weg!

Gewohnheit wird
zur zweiten Natur.
Marcus Tullius Cicero

Mo Di Mi Do Fr Sa So ....

Ich bin dankbar für ...

1. ....
2. ....
3. ....

So sorge ich für einen guten Tag ...

....
....
....
....
....

Positive Selbstbekräftigung

....
....

Wir können keine großen Dinge vollbringen –
nur kleine, aber die mit großer Liebe.[77]
Mutter Teresa

Was habe ich heute Gutes für jemanden (für mich) getan?

....
....

Was habe ich heute gelernt?

....
....

Tolle Dinge, die ich heute erlebt habe ...

1. ....
2. ....
3. ....

Mo Di Mi Do Fr Sa So ....

Ich bin dankbar für ...

1. ....
2. ....
3. ....

So sorge ich für einen guten Tag ...

....

Positive Selbstbekräftigung

....

Das Außergewöhnliche geschieht
nicht auf glattem, gewöhnlichem Wege.
Johann Wolfgang von Goethe

Was habe ich heute Gutes für jemanden (für mich) getan?

....

Was habe ich heute gelernt?

....

Tolle Dinge, die ich heute erlebt habe ...

1. ....
2. ....
3. ....

Mo Di Mi Do Fr Sa So ....

Ich bin dankbar für ...

1. ....

2. ....

3. ....

So sorge ich für einen guten Tag ...

....

....

....

....

....

Positive Selbstbekräftigung

....

....

Nichts, was der menschliche Fortschritt hervorbringt,
erhält die Zustimmung aller.

Christoph Kolumbus

Was habe ich heute Gutes für jemanden (für mich) getan?

....

....

Was habe ich heute gelernt?

....

....

Tolle Dinge, die ich heute erlebt habe ...

1. ....

2. ....

3. ....

Mo Di Mi Do Fr Sa So ....

Ich bin dankbar für ...

1. ....

2. ....

3. ....

So sorge ich für einen guten Tag ...

....

....

....

....

....

Positive Selbstbekräftigung

....

....

Wenn es dir Angst macht,
ist es vielleicht einen Versuch wert.[78]
Seth Godin

Was habe ich heute Gutes für jemanden (für mich) getan?

....

....

Was habe ich heute gelernt?

....

....

Tolle Dinge, die ich heute erlebt habe ...

1. ....

2. ....

3. ....

Wöchentliche 5 Fragen

Welches Ziel möchtest du unbedingt im nächsten Jahr erreichen? Was denkst du, wird anders sein, wenn du es erreicht hast? Stimmen deine kurzfristigen Handlungen mit diesem langfristigen Ziel überein?

Was war dein letzter großer Fehler und welcher dein «Lieblingsfehler»? Was hast du daraus gelernt?

Genießt du den Moment, wenn du Zeit mit deinen Liebsten verbringst? Auf welche Art und Weise zeigst du ihnen, wie viel sie dir bedeuten?

Was ist das schönste Geschenk, das du jemals erhalten hast? Was denkst du, mit welchem Geschenk du jemandem die größte Freude bereiten konntest?

Was würdest du am liebsten sein und warum: unglaublich attraktiv, ein einzigartiges Genie oder ein philanthropischer Milliardär?

Wöchentliche Notizen

Mo Di Mi Do Fr Sa So ………………

Ich bin dankbar für …

1. ……………………………………………………………………………………

2. ……………………………………………………………………………………

3. ……………………………………………………………………………………

So sorge ich für einen guten Tag …

……………………………………………………………………………………

……………………………………………………………………………………

……………………………………………………………………………………

……………………………………………………………………………………

……………………………………………………………………………………

Positive Selbstbekräftigung

……………………………………………………………………………………

……………………………………………………………………………………

Wöchentliche Herausforderung

Gehe jeden Tag zehn Minuten ohne dein Handy spazieren – oder zumindest mit deinem Handy im Flugmodus.

Was habe ich heute Gutes für jemanden (für mich) getan?

……………………………………………………………………………………

……………………………………………………………………………………

Was habe ich heute gelernt?

……………………………………………………………………………………

……………………………………………………………………………………

Tolle Dinge, die ich heute erlebt habe …

1. ……………………………………………………………………………………

2. ……………………………………………………………………………………

3. ……………………………………………………………………………………

Mo Di Mi Do Fr Sa So ....

Ich bin dankbar für ...

1. ....

2. ....

3. ....

So sorge ich für einen guten Tag ...

....

....

....

....

....

Positive Selbstbekräftigung

....

....

Denke daran, dass nicht zu bekommen, was du willst,
manchmal ein großer Glücksfall sein kann.[79]

Dalai Lama

Was habe ich heute Gutes für jemanden (für mich) getan?

....

....

Was habe ich heute gelernt?

....

....

Tolle Dinge, die ich heute erlebt habe ...

1. ....

2. ....

3. ....

Mo Di Mi Do Fr Sa So ....

Ich bin dankbar für ...

1. ....

2. ....

3. ....

So sorge ich für einen guten Tag ...

Positive Selbstbekräftigung

Mut steht am Anfang des Handelns,
Glück am Ende.

Demokrit

Was habe ich heute Gutes für jemanden (für mich) getan?

Was habe ich heute gelernt?

Tolle Dinge, die ich heute erlebt habe ...

1. ....

2. ....

3. ....

Mo Di Mi Do Fr Sa So ....

Ich bin dankbar für ...

1. ....
2. ....
3. ....

So sorge ich für einen guten Tag ...

....
....
....
....
....

Positive Selbstbekräftigung

....
....

Ein Lächeln ist die kürzeste Entfernung
zwischen zwei Menschen.
Chinesisches Sprichwort

Was habe ich heute Gutes für jemanden (für mich) getan?

....
....

Was habe ich heute gelernt?

....
....

Tolle Dinge, die ich heute erlebt habe ...

1. ....
2. ....
3. ....

Mo Di Mi Do Fr Sa So ....

Ich bin dankbar für ...

1. ....

2. ....

3. ....

So sorge ich für einen guten Tag ...

....

....

....

....

....

Positive Selbstbekräftigung

....

....

Freundlichkeit in Worten schafft Vertrauen,
Freundlichkeit im Denken schafft Tiefe,
Freundlichkeit im Geben schafft Liebe.

Khalil Gibran

Was habe ich heute Gutes für jemanden (für mich) getan?

....

....

Was habe ich heute gelernt?

....

....

Tolle Dinge, die ich heute erlebt habe ...

1. ....

2. ....

3. ....

Mo Di Mi Do Fr Sa So ………………

Ich bin dankbar für …

1. ……………………………………………………………………
2. ……………………………………………………………………
3. ……………………………………………………………………

So sorge ich für einen guten Tag …

……………………………………………………………………
……………………………………………………………………
……………………………………………………………………
……………………………………………………………………
……………………………………………………………………

Positive Selbstbekräftigung

……………………………………………………………………
……………………………………………………………………

Für alles, was du verpasst hast,
hast du etwas anderes gewonnen.
Ralph Waldo Emerson

Was habe ich heute Gutes für jemanden (für mich) getan?

……………………………………………………………………
……………………………………………………………………

Was habe ich heute gelernt?

……………………………………………………………………
……………………………………………………………………

Tolle Dinge, die ich heute erlebt habe …

1. ……………………………………………………………………
2. ……………………………………………………………………
3. ……………………………………………………………………

Mo Di Mi Do Fr Sa So ....

Ich bin dankbar für ...

1. ....

2. ....

3. ....

So sorge ich für einen guten Tag ...

....

....

....

....

....

Positive Selbstbekräftigung

....

....

Wer glaubt, keine Zeit für seine körperliche Ertüchtigung zu haben,
wird früher oder später Zeit zum Kranksein haben müssen.

Chinesischer Spruch

Was habe ich heute Gutes für jemanden (für mich) getan?

....

....

Was habe ich heute gelernt?

....

....

Tolle Dinge, die ich heute erlebt habe ...

1. ....

2. ....

3. ....

Wöchentliche 5 Fragen

Aus welchen fünf Gründen lohnt es sich am meisten zu leben?

....

....

....

....

....

Womit stresst du dich momentan? Werden diese Themen in 5 Jahren noch von Bedeutung sein? Wie schaut es in 5 Wochen aus? Oder sogar in 5 Tagen?

....

....

....

....

....

Was ist dein täglicher Gegenentwurf zum Hochgeschwindigkeitsalltag? Auf welche Weise entspannst du dich regelmäßig ganz bewusst?

....

....

....

....

Worüber hast du deine Meinung in den letzten Jahren geändert? Wie kam diese Änderung zustande?

....

....

....

....

Wofür gibst du momentan zu viel Geld aus? Wofür zu wenig? Warum ist das so?

....

....

....

Wöchentliche Notizen

Mo Di Mi Do Fr Sa So ....

Ich bin dankbar für ...

1. ....
2. ....
3. ....

So sorge ich für einen guten Tag ...

....

....

....

....

....

Positive Selbstbekräftigung

....

....

Wöchentliche Herausforderung

Entschuldige dich bei einer Person,
der du unrecht getan hast, und gib zu,
dass du im Unrecht warst.

Was habe ich heute Gutes für jemanden (für mich) getan?

....

....

Was habe ich heute gelernt?

....

....

Tolle Dinge, die ich heute erlebt habe ...

1. ....
2. ....
3. ....

Mo Di Mi Do Fr Sa So ....

Ich bin dankbar für ...

1. ....

2. ....

3. ....

So sorge ich für einen guten Tag ...

....

....

....

....

....

Positive Selbstbekräftigung

....

....

Tanze, als würde niemand zusehen. Liebe, als seist du
noch nie verletzt worden. Singe, als ob niemand dich hören könnte.
Lebe, als sei der Himmel auf Erden.

Mark Twain

Was habe ich heute Gutes für jemanden (für mich) getan?

....

....

Was habe ich heute gelernt?

....

....

Tolle Dinge, die ich heute erlebt habe ...

1. ....

2. ....

3. ....

Mo Di Mi Do Fr Sa So ………………

Ich bin dankbar für …

1. ……………………………………………………………………………………
2. ……………………………………………………………………………………
3. ……………………………………………………………………………………

So sorge ich für einen guten Tag …

……………………………………………………………………………………
……………………………………………………………………………………
……………………………………………………………………………………
……………………………………………………………………………………
……………………………………………………………………………………

Positive Selbstbekräftigung

……………………………………………………………………………………
……………………………………………………………………………………

Ich habe die Erfahrung gemacht, dass Leute ohne Laster
auch sehr wenige Tugenden haben.

Abraham Lincoln

Was habe ich heute Gutes für jemanden (für mich) getan?

……………………………………………………………………………………
……………………………………………………………………………………

Was habe ich heute gelernt?

……………………………………………………………………………………
……………………………………………………………………………………

Tolle Dinge, die ich heute erlebt habe …

1. ……………………………………………………………………………………
2. ……………………………………………………………………………………
3. ……………………………………………………………………………………

Mo Di Mi Do Fr Sa So ....

Ich bin dankbar für ...

1. ....

2. ....

3. ....

So sorge ich für einen guten Tag ...

....

....

....

....

....

Positive Selbstbekräftigung

....

....

Nicht am Ziel wird der Mensch groß,
sondern auf dem Weg dorthin.

Ralph Waldo Emerson

Was habe ich heute Gutes für jemanden (für mich) getan?

....

....

Was habe ich heute gelernt?

....

....

Tolle Dinge, die ich heute erlebt habe ...

1. ....

2. ....

3. ....

Mo Di Mi Do Fr Sa So ....

Ich bin dankbar für ...

1. ....

2. ....

3. ....

So sorge ich für einen guten Tag ...

....

....

....

....

....

Positive Selbstbekräftigung

....

....

Nichts in der Welt wirkt so ansteckend
wie Lachen und gute Laune.

Charles Dickens

Was habe ich heute Gutes für jemanden (für mich) getan?

....

....

Was habe ich heute gelernt?

....

....

Tolle Dinge, die ich heute erlebt habe ...

1. ....

2. ....

3. ....

Mo Di Mi Do Fr Sa So ....

Ich bin dankbar für ...

1. ....

2. ....

3. ....

So sorge ich für einen guten Tag ...

....

....

....

....

....

Positive Selbstbekräftigung

....

....

Höhepunkt des Glücks ist es, wenn der Mensch
bereit ist, das zu sein, was er ist.

Erasmus von Rotterdam

Was habe ich heute Gutes für jemanden (für mich) getan?

....

....

Was habe ich heute gelernt?

....

....

Tolle Dinge, die ich heute erlebt habe ...

1. ....

2. ....

3. ....

Mo Di Mi Do Fr Sa So ....

Ich bin dankbar für ...

1. ....
2. ....
3. ....

So sorge ich für einen guten Tag ...

....
....
....
....
....

Positive Selbstbekräftigung

....
....

Es ist ein Unterschied, ob man den Weg nur kennt
oder ob man ihn beschreitet.[80]

Morpheus in «Matrix»

Was habe ich heute Gutes für jemanden (für mich) getan?

....
....

Was habe ich heute gelernt?

....
....

Tolle Dinge, die ich heute erlebt habe ...

1. ....
2. ....
3. ....

Wöchentliche 5 Fragen

Warum hast du den Beruf gewählt, den du momentan ausübst, und inwiefern erfüllt dich deine tägliche Arbeit?

Was denkst du, wie dein bester Freund / deine beste Freundin dich in einem Satz beschreiben würde? Jetzt frag diese Person wirklich und vergleiche deine Einschätzung mit dem, was sie gesagt hat.

Wenn du mit einem Fingerschnippen etwas in deinem Privatleben erreichen könntest, was wäre das? Welchen Schritt – und sei es nur ein kleiner – könntest du schon in dieser Woche gehen, um den Ball ins Rollen zu bringen?

Woran glaubst du, obwohl andere es für verrückt halten? Was hältst du für wahr, das nur wenige für wahr halten?

Welche Spitznamen hattest du schon in deinem Leben? Welcher war dein Lieblings-Spitzname und warum?

Wöchentliche Notizen

Dein Monats-Check

Gesamtstimmung	1	2	3	4	5	6	7	8	9	10
Dankbarkeit	1	2	3	4	5	6	7	8	9	10
Achtsamkeit	1	2	3	4	5	6	7	8	9	10
Familie	1	2	3	4	5	6	7	8	9	10
Freunde	1	2	3	4	5	6	7	8	9	10
Partnerschaft	1	2	3	4	5	6	7	8	9	10
Spaß	1	2	3	4	5	6	7	8	9	10
Ruhe & Gelassenheit	1	2	3	4	5	6	7	8	9	10
Zeit für dich	1	2	3	4	5	6	7	8	9	10
Gesund essen	1	2	3	4	5	6	7	8	9	10
Wasser trinken	1	2	3	4	5	6	7	8	9	10
Sport	1	2	3	4	5	6	7	8	9	10
Nach draußen gehen	1	2	3	4	5	6	7	8	9	10
Gesundheit	1	2	3	4	5	6	7	8	9	10
Kreativität	1	2	3	4	5	6	7	8	9	10
Finanzen	1	2	3	4	5	6	7	8	9	10
Arbeit & Ausbildungen	1	2	3	4	5	6	7	8	9	10
Gedanken & Emotionen	1	2	3	4	5	6	7	8	9	10
Die Gegenwart	1	2	3	4	5	6	7	8	9	10
Die Zukunft	1	2	3	4	5	6	7	8	9	10

Dein Gewohnheits-Tracker

1	2	3	4	5	6	7	8	9	10	11	12	13	14	15	16
17	18	19	20	21	22	23	24	25	26	27	28	29	30	31	

1	2	3	4	5	6	7	8	9	10	11	12	13	14	15	16
17	18	19	20	21	22	23	24	25	26	27	28	29	30	31	

1	2	3	4	5	6	7	8	9	10	11	12	13	14	15	16
17	18	19	20	21	22	23	24	25	26	27	28	29	30	31	

Mo Di Mi Do Fr Sa So ....

Ich bin dankbar für ...

1. ....
2. ....
3. ....

So sorge ich für einen guten Tag ...

....

....

....

....

....

Positive Selbstbekräftigung

....

....

Wöchentliche Herausforderung

Welchen Film möchtest du schon seit Langem wieder schauen?
Nimm dir diese Woche die Zeit, diesen Film in aller Ruhe zu genießen.

Was habe ich heute Gutes für jemanden (für mich) getan?

....

....

Was habe ich heute gelernt?

....

....

Tolle Dinge, die ich heute erlebt habe ...

1. ....
2. ....
3. ....

Mo Di Mi Do Fr Sa So ....

Ich bin dankbar für ...

1. ....

2. ....

3. ....

So sorge ich für einen guten Tag ...

....

....

....

....

....

Positive Selbstbekräftigung

....

....

Wege entstehen dadurch,
dass man sie geht.
Franz Kafka

Was habe ich heute Gutes für jemanden (für mich) getan?

....

....

Was habe ich heute gelernt?

....

....

Tolle Dinge, die ich heute erlebt habe ...

1. ....

2. ....

3. ....

Mo Di Mi Do Fr Sa So ....

Ich bin dankbar für ...

1. ....
2. ....
3. ....

So sorge ich für einen guten Tag ...

....
....
....
....
....

Positive Selbstbekräftigung

....
....

Du selbst zu sein, in einer Welt, die dich ständig anders haben will, ist die größte Errungenschaft.

Ralph Waldo Emerson

Was habe ich heute Gutes für jemanden (für mich) getan?

....
....

Was habe ich heute gelernt?

....
....

Tolle Dinge, die ich heute erlebt habe ...

1. ....
2. ....
3. ....

Mo Di Mi Do Fr Sa So ....

Ich bin dankbar für ...

1. ....

2. ....

3. ....

So sorge ich für einen guten Tag ...

....

....

....

....

....

Positive Selbstbekräftigung

....

....

Was du liebst, lass frei. Kommt es zurück,
gehört es dir – für immer.

Konfuzius

Was habe ich heute Gutes für jemanden (für mich) getan?

....

....

Was habe ich heute gelernt?

....

....

Tolle Dinge, die ich heute erlebt habe ...

1. ....

2. ....

3. ....

Mo Di Mi Do Fr Sa So ....

Ich bin dankbar für ...

1. ....

2. ....

3. ....

So sorge ich für einen guten Tag ...

....

....

....

....

....

Positive Selbstbekräftigung

....

....

Kritisieren, verurteilen und sich beschweren kann jeder Narr. Und die meisten Narren tun das auch. Verständnis zu haben und zu verzeihen dagegen erfordert Charakter und Selbstdisziplin.[81]

Dale Carnegie

Was habe ich heute Gutes für jemanden (für mich) getan?

....

....

Was habe ich heute gelernt?

....

....

Tolle Dinge, die ich heute erlebt habe ...

1. ....

2. ....

3. ....

Mo Di Mi Do Fr Sa So ....

Ich bin dankbar für ...

1. ....
2. ....
3. ....

So sorge ich für einen guten Tag ...

....
....
....
....
....

Positive Selbstbekräftigung

....
....

Es gibt nur zwei Tage in deinem Leben,
an denen du nichts ändern kannst.
Der eine ist gestern, und der andere ist morgen.[82]

Dalai Lama

Was habe ich heute Gutes für jemanden (für mich) getan?

....
....

Was habe ich heute gelernt?

....
....

Tolle Dinge, die ich heute erlebt habe ...

1. ....
2. ....
3. ....

Mo Di Mi Do Fr Sa So ....

Ich bin dankbar für ...

1. ....
2. ....
3. ....

So sorge ich für einen guten Tag ...

....
....
....
....
....

Positive Selbstbekräftigung

....
....

Wenn ich mein Leben noch einmal leben könnte,
würde ich die gleichen Fehler machen.
Aber ein bisschen früher, damit ich mehr davon habe.[83]
Marlene Dietrich

Was habe ich heute Gutes für jemanden (für mich) getan?

....
....

Was habe ich heute gelernt?

....
....

Tolle Dinge, die ich heute erlebt habe ...

1. ....
2. ....
3. ....

Wöchentliche 5 Fragen

Was war die schwerste Phase in deinem Leben, und was hast du aus dieser Zeit gelernt? Wie konntest du an dieser Erfahrung wachsen?

....

....

....

....

....

Was motiviert dich morgens am meisten dazu, aus den Federn zu kommen? Kannst du davon etwas mehr in dein Leben integrieren?

....

....

....

....

Wo fühlst du dich am ehesten zu Hause?
Was ist für dich an diesem Ort so besonders?

....

....

....

....

Wenn du bei irgendeinem Ereignis aus der Vergangenheit oder Zukunft dabei sein könntest, welches wäre das und warum?

....

....

....

....

Let's talk about sex. Wann hattest du deinen besten Sex?
Warum war es der beste? Wann hattest du das letzte Mal guten Sex?

....

....

....

Wöchentliche Notizen

Mo Di Mi Do Fr Sa So ....

Ich bin dankbar für ...

1. ....

2. ....

3. ....

So sorge ich für einen guten Tag ...

....

....

....

....

....

Positive Selbstbekräftigung

....

....

Wöchentliche Herausforderung

Welche Charaktereigenschaft beeindruckt dich am meisten bei anderen Menschen? Konzentriere dich diese Woche darauf, diese Eigenschaft so gut wie nur möglich selbst zu leben.

Was habe ich heute Gutes für jemanden (für mich) getan?

....

....

Was habe ich heute gelernt?

....

....

Tolle Dinge, die ich heute erlebt habe ...

1. ....

2. ....

3. ....

Mo Di Mi Do Fr Sa So ....

Ich bin dankbar für ...

1. ...

2. ...

3. ...

So sorge ich für einen guten Tag ...

Positive Selbstbekräftigung

Nicht das Alter ist das Problem,
sondern unsere Einstellung dazu.

Cicero

Was habe ich heute Gutes für jemanden (für mich) getan?

Was habe ich heute gelernt?

Tolle Dinge, die ich heute erlebt habe ...

1. ...

2. ...

3. ...

Mo Di Mi Do Fr Sa So ....

Ich bin dankbar für ...

1. ....

2. ....

3. ....

So sorge ich für einen guten Tag ...

....

....

....

....

....

Positive Selbstbekräftigung

....

....

Glücklich ist nicht, wer anderen so vorkommt,
sondern wer sich selbst dafür hält.

Lucius Annaeus Seneca

Was habe ich heute Gutes für jemanden (für mich) getan?

....

....

Was habe ich heute gelernt?

....

....

Tolle Dinge, die ich heute erlebt habe ...

1. ....

2. ....

3. ....

Mo Di Mi Do Fr Sa So ....

Ich bin dankbar für ...

1. ....

2. ....

3. ....

So sorge ich für einen guten Tag ...

....

....

....

....

....

Positive Selbstbekräftigung

....

....

Nichts in der Geschichte des Lebens
ist beständiger als der Wandel.

Charles Darwin

Was habe ich heute Gutes für jemanden (für mich) getan?

....

....

Was habe ich heute gelernt?

....

....

Tolle Dinge, die ich heute erlebt habe ...

1. ....

2. ....

3. ....

Mo Di Mi Do Fr Sa So ....

Ich bin dankbar für …

1. ....
2. ....
3. ....

So sorge ich für einen guten Tag …

....

....

....

....

....

Positive Selbstbekräftigung

....

....

Alles, was zu besitzen sich lohnt,
lohnt auch, dass man darauf wartet.[84]

Marilyn Monroe

Was habe ich heute Gutes für jemanden (für mich) getan?

....

....

Was habe ich heute gelernt?

....

....

Tolle Dinge, die ich heute erlebt habe …

1. ....
2. ....
3. ....

Mo Di Mi Do Fr Sa So ....

Ich bin dankbar für ...

1. ....
2. ....
3. ....

So sorge ich für einen guten Tag ...

....

....

....

....

....

Positive Selbstbekräftigung

....

....

Nur aufs Ziel zu sehen,
verdirbt dir die Lust am Reisen.

Friedrich Rückert

Was habe ich heute Gutes für jemanden (für mich) getan?

....

....

Was habe ich heute gelernt?

....

....

Tolle Dinge, die ich heute erlebt habe ...

1. ....
2. ....
3. ....

Mo Di Mi Do Fr Sa So ....

Ich bin dankbar für ...

1. ....

2. ....

3. ....

So sorge ich für einen guten Tag ...

....

....

....

....

....

Positive Selbstbekräftigung

....

....

Der Schwache kann nicht verzeihen.
Verzeihen ist eine Eigenschaft des Starken.[85]

Mahatma Gandhi

Was habe ich heute Gutes für jemanden (für mich) getan?

....

....

Was habe ich heute gelernt?

....

....

Tolle Dinge, die ich heute erlebt habe ...

1. ....

2. ....

3. ....

Wöchentliche 5 Fragen

Was war ein exzellenter Rat, den dir jemand gegeben hat?
Was denkst du, war der wertvollste Rat, den du gegeben hast?

Jeder erfüllt verschiedene Rollen in seinem Leben (Sohn, Arbeitskollegin, Mutter, Mieter, beste Freundin, Tröster …). In welchen Rollen lebst du im Moment? Welche magst du und welche eher weniger?

Wann hast du das letzte Mal jemanden belogen?
In welchen Lebensbereichen belügst du dich oft sogar selbst?

Was ist deine früheste und was deine beste Kindheitserinnerung?
Wenn du dir dich jetzt als Kind vorstellst, was machst du gerade?

Könntest du dir vorstellen, deinen Partner bis zu seinem Tod zu pflegen?

Wöchentliche Notizen

Mo Di Mi Do Fr Sa So ....

Ich bin dankbar für ...

1. ....
2. ....
3. ....

So sorge ich für einen guten Tag ...

....
....
....
....
....

Positive Selbstbekräftigung

....
....

Wöchentliche Herausforderung

Gestattest du dir, aktiv auf Menschen zuzugehen, die dir guttun? In dieser Woche ja! Pick dir einen solchen Menschen heraus und such in dieser Woche aktiv den Kontakt zu dieser Person.

Was habe ich heute Gutes für jemanden (für mich) getan?

....
....

Was habe ich heute gelernt?

....
....

Tolle Dinge, die ich heute erlebt habe ...

1. ....
2. ....
3. ....

Mo Di Mi Do Fr Sa So ………………

Ich bin dankbar für …

1. ………………………………………………………………

2. ………………………………………………………………

3. ………………………………………………………………

So sorge ich für einen guten Tag …

………………………………………………………………

………………………………………………………………

………………………………………………………………

………………………………………………………………

………………………………………………………………

Positive Selbstbekräftigung

………………………………………………………………

………………………………………………………………

Alles, was ein Mensch sich vorzustellen vermag,
werden andere Menschen verwirklichen können.

Jules Verne

Was habe ich heute Gutes für jemanden (für mich) getan?

………………………………………………………………

………………………………………………………………

Was habe ich heute gelernt?

………………………………………………………………

………………………………………………………………

Tolle Dinge, die ich heute erlebt habe …

1. ………………………………………………………………

2. ………………………………………………………………

3. ………………………………………………………………

Mo Di Mi Do Fr Sa So ....

Ich bin dankbar für ...

1. ....
2. ....
3. ....

So sorge ich für einen guten Tag ...

....

....

....

....

....

Positive Selbstbekräftigung

....

....

Wer Glück erfuhr, soll mit Beglückung
niemals geizig sein.

Sophokles

Was habe ich heute Gutes für jemanden (für mich) getan?

....

....

Was habe ich heute gelernt?

....

....

Tolle Dinge, die ich heute erlebt habe ...

1. ....
2. ....
3. ....

Mo Di Mi Do Fr Sa So ....

Ich bin dankbar für ...

1. ....

2. ....

3. ....

So sorge ich für einen guten Tag ...

....

....

....

....

....

Positive Selbstbekräftigung

....

....

Wir sind das, was wir wiederholt tun. Daher ist Vortrefflichkeit keine Handlung, sondern eine Gewohnheit.

Aristoteles

Was habe ich heute Gutes für jemanden (für mich) getan?

....

....

Was habe ich heute gelernt?

....

....

Tolle Dinge, die ich heute erlebt habe ...

1. ....

2. ....

3. ....

Mo Di Mi Do Fr Sa So ....

Ich bin dankbar für ...

1. ....

2. ....

3. ....

So sorge ich für einen guten Tag ...

....

....

....

....

....

Positive Selbstbekräftigung

....

....

Das eigene Glück darin zu suchen, materielle Dinge zu besitzen, ist ein sicherer Weg, um nicht glücklich zu sein.[86]

Papst Franziskus

Was habe ich heute Gutes für jemanden (für mich) getan?

....

....

Was habe ich heute gelernt?

....

....

Tolle Dinge, die ich heute erlebt habe ...

1. ....

2. ....

3. ....

Mo Di Mi Do Fr Sa So ....

Ich bin dankbar für ...

1. ....

2. ....

3. ....

So sorge ich für einen guten Tag ...

Positive Selbstbekräftigung

Nicht weil es schwer ist, wagen wir es nicht,
sondern weil wir es nicht wagen, ist es schwer.

Lucius Annaeus Seneca

Was habe ich heute Gutes für jemanden (für mich) getan?

Was habe ich heute gelernt?

Tolle Dinge, die ich heute erlebt habe ...

1. ....

2. ....

3. ....

Mo Di Mi Do Fr Sa So ....

Ich bin dankbar für ...

1. ....
2. ....
3. ....

So sorge ich für einen guten Tag ...

....
....
....
....
....

Positive Selbstbekräftigung

....
....

Lebe das Leben, das du liebst,
und liebe das Leben, das du lebst.
Bob Marley

Was habe ich heute Gutes für jemanden (für mich) getan?

....
....

Was habe ich heute gelernt?

....
....

Tolle Dinge, die ich heute erlebt habe ...

1. ....
2. ....
3. ....

Wöchentliche 5 Fragen

Bist du gerade verliebt? Wenn nicht, wann warst du das letzte Mal verliebt? Was bedeutet Verliebtsein für dich, und wie genau fühlst du dich dabei?

....

....

....

....

....

Was fällt dir leichter als anderen? Und was wiederum fällt dir schwerer als anderen?

....

....

....

....

Wenn du dir zwei lebende Menschen als deine Lehrer oder Mentoren aussuchen könntest, wen würdest du wählen und warum?

....

....

....

....

Wie viele Stunden hast du im letzten Jahr durchschnittlich pro Woche gearbeitet? Würdest du lieber weniger Arbeit haben oder sogar mehr Arbeit, die dir dafür richtig Spaß macht? Warum ist das so?

....

....

....

....

Bist du momentan nach etwas süchtig? Wenn ja, wie stehst du zu dieser Sucht? Wenn nein, wonach warst du mal süchtig?

....

....

Wöchentliche Notizen

Mo Di Mi Do Fr Sa So ....

Ich bin dankbar für ...

1. ....
2. ....
3. ....

So sorge ich für einen guten Tag ...

....
....
....
....
....

Positive Selbstbekräftigung

....
....

Wöchentliche Herausforderung

Durchforste deinen Kleiderschrank und spende alles, was du nicht mehr trägst, beim nächsten Container vom Deutschen Roten Kreuz (hier kommt die Kleidung auch an, wo sie gebraucht wird).

Was habe ich heute Gutes für jemanden (für mich) getan?

....
....

Was habe ich heute gelernt?

....
....

Tolle Dinge, die ich heute erlebt habe ...

1. ....
2. ....
3. ....

Mo Di Mi Do Fr Sa So ....

Ich bin dankbar für ...

1. ....
2. ....
3. ....

So sorge ich für einen guten Tag ...

....
....
....
....
....

Positive Selbstbekräftigung

....
....

Man muss nicht darauf sehen, woher die Dinge kommen, sondern wohin sie gehen.

Seneca

Was habe ich heute Gutes für jemanden (für mich) getan?

....
....

Was habe ich heute gelernt?

....
....

Tolle Dinge, die ich heute erlebt habe ...

1. ....
2. ....
3. ....

Mo Di Mi Do Fr Sa So ....

Ich bin dankbar für ...

1. ....

2. ....

3. ....

So sorge ich für einen guten Tag ...

Positive Selbstbekräftigung

Wer zufrieden ist,
kann nie zugrunde gerichtet werden.
Laotse

Was habe ich heute Gutes für jemanden (für mich) getan?

Was habe ich heute gelernt?

Tolle Dinge, die ich heute erlebt habe ...

1. ....

2. ....

3. ....

Mo Di Mi Do Fr Sa So ....

Ich bin dankbar für ...

1. ....

2. ....

3. ....

So sorge ich für einen guten Tag ...

....

....

....

....

....

Positive Selbstbekräftigung

....

....

Träume dir dein Leben schön
und mach aus diesen Träumen eine Realität.
Marie Curie

Was habe ich heute Gutes für jemanden (für mich) getan?

....

....

Was habe ich heute gelernt?

....

....

Tolle Dinge, die ich heute erlebt habe ...

1. ....

2. ....

3. ....

Mo Di Mi Do Fr Sa So ....

Ich bin dankbar für ...

1. ....
2. ....
3. ....

So sorge ich für einen guten Tag ...

....
....
....
....
....

Positive Selbstbekräftigung

....
....

Einen sicheren Freund
erkennt man in unsicherer Lage.
Cicero

Was habe ich heute Gutes für jemanden (für mich) getan?

....
....

Was habe ich heute gelernt?

....
....

Tolle Dinge, die ich heute erlebt habe ...

1. ....
2. ....
3. ....

Mo Di Mi Do Fr Sa So ....

Ich bin dankbar für ...

1. ....

2. ....

3. ....

So sorge ich für einen guten Tag ...

....

....

....

....

....

Positive Selbstbekräftigung

....

....

Wer tut, was er immer getan hat, bekommt,
was er immer bekommen hat.[87]

Tony Robbins

Was habe ich heute Gutes für jemanden (für mich) getan?

....

....

Was habe ich heute gelernt?

....

....

Tolle Dinge, die ich heute erlebt habe ...

1. ....

2. ....

3. ....

Mo Di Mi Do Fr Sa So ....

Ich bin dankbar für ...

1. ....

2. ....

3. ....

So sorge ich für einen guten Tag ...

....

....

....

....

....

Positive Selbstbekräftigung

....

....

Niemand ist jemals
vom Geben arm geworden.

Anne Frank

Was habe ich heute Gutes für jemanden (für mich) getan?

....

....

Was habe ich heute gelernt?

....

....

Tolle Dinge, die ich heute erlebt habe ...

1. ....

2. ....

3. ....

Wöchentliche 5 Fragen

Wie haben dich deine Eltern erzogen? Was würdest du bei deinen Kindern genauso und was anders machen?

Welches Buch kannst du wieder und wieder lesen, welchen Film immer und immer wieder schauen? Was könnte es über dich aussagen, dass du genau dieses Buch und/oder diesen Film so sehr magst?

Wenn du dein restliches Leben mit drei beliebigen Personen auf einer einsamen Insel verbringen müsstest, wer wären diese Personen und warum?

Ist deine größte, tiefste Angst jemals Realität geworden?

Bist du ein Mensch, mit dem du gerne den Rest deines Lebens verbringen würdest? Begründe deine Antwort.

Wöchentliche Notizen

Dein Monats-Check

Gesamtstimmung	1	2	3	4	5	6	7	8	9	10
Dankbarkeit	1	2	3	4	5	6	7	8	9	10
Achtsamkeit	1	2	3	4	5	6	7	8	9	10
Familie	1	2	3	4	5	6	7	8	9	10
Freunde	1	2	3	4	5	6	7	8	9	10
Partnerschaft	1	2	3	4	5	6	7	8	9	10
Spaß	1	2	3	4	5	6	7	8	9	10
Ruhe & Gelassenheit	1	2	3	4	5	6	7	8	9	10
Zeit für dich	1	2	3	4	5	6	7	8	9	10
Gesund essen	1	2	3	4	5	6	7	8	9	10
Wasser trinken	1	2	3	4	5	6	7	8	9	10
Sport	1	2	3	4	5	6	7	8	9	10
Nach draußen gehen	1	2	3	4	5	6	7	8	9	10
Gesundheit	1	2	3	4	5	6	7	8	9	10
Kreativität	1	2	3	4	5	6	7	8	9	10
Finanzen	1	2	3	4	5	6	7	8	9	10
Arbeit & Ausbildungen	1	2	3	4	5	6	7	8	9	10
Gedanken & Emotionen	1	2	3	4	5	6	7	8	9	10
Die Gegenwart	1	2	3	4	5	6	7	8	9	10
Die Zukunft	1	2	3	4	5	6	7	8	9	10

Dein Gewohnheits-Tracker

1	2	3	4	5	6	7	8	9	10	11	12	13	14	15	16
17	18	19	20	21	22	23	24	25	26	27	28	29	30	31	

1	2	3	4	5	6	7	8	9	10	11	12	13	14	15	16
17	18	19	20	21	22	23	24	25	26	27	28	29	30	31	

1	2	3	4	5	6	7	8	9	10	11	12	13	14	15	16
17	18	19	20	21	22	23	24	25	26	27	28	29	30	31	

Mo Di Mi Do Fr Sa So ....

Ich bin dankbar für ...

1. ....
2. ....
3. ....

So sorge ich für einen guten Tag ...

....

....

....

....

....

Positive Selbstbekräftigung

....

....

Wöchentliche Herausforderung

In dieser Woche meditierst du nach deiner Morgenroutine täglich fünf Minuten und konzentrierst dich dabei auf deinen Atem. Atme langsam durch die Nase ein und noch langsamer durch den Mund aus.

Was habe ich heute Gutes für jemanden (für mich) getan?

....

....

Was habe ich heute gelernt?

....

....

Tolle Dinge, die ich heute erlebt habe ...

1. ....
2. ....
3. ....

Mo Di Mi Do Fr Sa So ....

Ich bin dankbar für ...

1. ....

2. ....

3. ....

So sorge ich für einen guten Tag ...

....

....

....

....

....

Positive Selbstbekräftigung

....

....

Wir leben alle unter dem gleichen Himmel,
aber wir haben nicht alle den gleichen Horizont.[88]

Konrad Adenauer

Was habe ich heute Gutes für jemanden (für mich) getan?

....

....

Was habe ich heute gelernt?

....

....

Tolle Dinge, die ich heute erlebt habe ...

1. ....

2. ....

3. ....

Mo Di Mi Do Fr Sa So ....

Ich bin dankbar für ...

1. ....

2. ....

3. ....

So sorge ich für einen guten Tag ...

....

....

....

....

....

Positive Selbstbekräftigung

....

....

Jeder, der sich die Fähigkeit erhält,
Schönes zu erkennen, wird nie alt werden.
Franz Kafka

Was habe ich heute Gutes für jemanden (für mich) getan?

....

....

Was habe ich heute gelernt?

....

....

Tolle Dinge, die ich heute erlebt habe ...

1. ....

2. ....

3. ....

Mo Di Mi Do Fr Sa So ....

Ich bin dankbar für ...

1. ....

2. ....

3. ....

So sorge ich für einen guten Tag ...

....

....

....

....

....

Positive Selbstbekräftigung

....

....

Der Kummer, der nicht spricht,
nagt leise an dem Herzen.
William Shakespeare

Was habe ich heute Gutes für jemanden (für mich) getan?

....

....

Was habe ich heute gelernt?

....

....

Tolle Dinge, die ich heute erlebt habe ...

1. ....

2. ....

3. ....

Mo Di Mi Do Fr Sa So ....

Ich bin dankbar für ...

1. ....
2. ....
3. ....

So sorge ich für einen guten Tag ...

....

....

....

....

....

Positive Selbstbekräftigung

....

....

Man muss durch die Nacht wandern,
wenn man die Morgenröte sehen will.

Khalil Gibran

Was habe ich heute Gutes für jemanden (für mich) getan?

....

....

Was habe ich heute gelernt?

....

....

Tolle Dinge, die ich heute erlebt habe ...

1. ....
2. ....
3. ....

Mo Di Mi Do Fr Sa So ....

Ich bin dankbar für ...

1. ....

2. ....

3. ....

So sorge ich für einen guten Tag ...

....

....

....

....

....

Positive Selbstbekräftigung

....

....

Am meisten schenkt,
wer Freude schenkt.[89]

Mutter Teresa

Was habe ich heute Gutes für jemanden (für mich) getan?

....

....

Was habe ich heute gelernt?

....

....

Tolle Dinge, die ich heute erlebt habe ...

1. ....

2. ....

3. ....

Mo Di Mi Do Fr Sa So ....

Ich bin dankbar für ...

1. ....
2. ....
3. ....

So sorge ich für einen guten Tag ...

....
....
....
....
....

Positive Selbstbekräftigung

....
....

Wirklich zu leben, das ist das Allerseltenste auf dieser Welt.
Die meisten Menschen existieren nur.

Oscar Wilde

Was habe ich heute Gutes für jemanden (für mich) getan?

....
....

Was habe ich heute gelernt?

....
....

Tolle Dinge, die ich heute erlebt habe ...

1. ....
2. ....
3. ....

Wöchentliche 5 Fragen

Welches Herzensprojekt schlummert schon lange in dir und verdient mehr Hingabe und Zeit? Wie kannst du schon heute den ersten kleinen Schritt machen?

Was war der schönste Urlaub in deinem Leben, und warum war er so schön?

Wenn es einen Film über dein Leben geben würde,
was wäre der Titel, und was wäre die Handlung in einem Satz?
Wer würde dich spielen und warum gerade diese Person?

Welche Entscheidung war oder wird die richtungsweisendste in deinem Leben?

Wann hast du das letzte Mal ein paar Tage ohne Internet verbracht?
Wie waren diese Tage für dich?

Wöchentliche Notizen

Mo Di Mi Do Fr Sa So ………………

Ich bin dankbar für …

1. ……………………………………………………
2. ……………………………………………………
3. ……………………………………………………

So sorge ich für einen guten Tag …

……………………………………………………

……………………………………………………

……………………………………………………

……………………………………………………

……………………………………………………

Positive Selbstbekräftigung

……………………………………………………

……………………………………………………

Wöchentliche Herausforderung

Diese Woche bist du das positive Gegenstück: Wenn du mitbekommst, wie abfällig über jemanden gesprochen wird, bist du derjenige, der etwas Nettes über diese Person sagt.

Was habe ich heute Gutes für jemanden (für mich) getan?

……………………………………………………

……………………………………………………

Was habe ich heute gelernt?

……………………………………………………

……………………………………………………

Tolle Dinge, die ich heute erlebt habe …

1. ……………………………………………………
2. ……………………………………………………
3. ……………………………………………………

Mo Di Mi Do Fr Sa So ....

Ich bin dankbar für ...

1. ....
2. ....
3. ....

So sorge ich für einen guten Tag ...

....

....

....

....

....

Positive Selbstbekräftigung

....

....

Man muss sein Glück teilen,
um es zu multiplizieren.

Marie von Ebner-Eschenbach

Was habe ich heute Gutes für jemanden (für mich) getan?

....

....

Was habe ich heute gelernt?

....

....

Tolle Dinge, die ich heute erlebt habe ...

1. ....
2. ....
3. ....

Mo Di Mi Do Fr Sa So ....

Ich bin dankbar für ...

1. ....
2. ....
3. ....

So sorge ich für einen guten Tag ...

....
....
....
....
....

Positive Selbstbekräftigung

....
....

Wer die Freiheit aufgibt, um Sicherheit zu gewinnen,
wird am Ende beides verlieren.

Benjamin Franklin

Was habe ich heute Gutes für jemanden (für mich) getan?

....
....

Was habe ich heute gelernt?

....
....

Tolle Dinge, die ich heute erlebt habe ...

1. ....
2. ....
3. ....

Mo Di Mi Do Fr Sa So ....

Ich bin dankbar für ...

1. ....

2. ....

3. ....

So sorge ich für einen guten Tag ...

....

....

....

....

....

Positive Selbstbekräftigung

....

....

Vorsicht ist die Einstellung, die das Leben
sicher macht, aber selten glücklich.

Samuel Johnson

Was habe ich heute Gutes für jemanden (für mich) getan?

....

....

Was habe ich heute gelernt?

....

....

Tolle Dinge, die ich heute erlebt habe ...

1. ....

2. ....

3. ....

Mo Di Mi Do Fr Sa So ....

Ich bin dankbar für ...

1. ....

2. ....

3. ....

So sorge ich für einen guten Tag ...

....

....

....

....

....

Positive Selbstbekräftigung

....

....

Auch aus Steinen, die einem in den
Weg gelegt werden, kann man Schönes bauen.

Johann Wolfgang von Goethe

Was habe ich heute Gutes für jemanden (für mich) getan?

....

....

Was habe ich heute gelernt?

....

....

Tolle Dinge, die ich heute erlebt habe ...

1. ....

2. ....

3. ....

Mo Di Mi Do Fr Sa So ....

Ich bin dankbar für ...

1. ....

2. ....

3. ....

So sorge ich für einen guten Tag ...

....

....

....

....

....

Positive Selbstbekräftigung

....

....

Wer ständig glücklich sein möchte,
muss sich oft verändern.

Konfuzius

Was habe ich heute Gutes für jemanden (für mich) getan?

....

....

Was habe ich heute gelernt?

....

....

Tolle Dinge, die ich heute erlebt habe ...

1. ....

2. ....

3. ....

Mo Di Mi Do Fr Sa So ....

Ich bin dankbar für ...

1. ....
2. ....
3. ....

So sorge ich für einen guten Tag ...

....
....
....
....
....

Positive Selbstbekräftigung

....
....

Der einzige Mensch, der sich vernünftig benimmt, ist mein Schneider. Er nimmt jedes Mal neu Maß, wenn er mich trifft, während alle anderen immer die alten Maßstäbe anlegen und denken, sie passten auch heute noch.

George Bernard Shaw

Was habe ich heute Gutes für jemanden (für mich) getan?

....
....

Was habe ich heute gelernt?

....
....

Tolle Dinge, die ich heute erlebt habe ...

1. ....
2. ....
3. ....

Wöchentliche 5 Fragen

Was ist das Wertvollste in deinem Leben und warum?

Wenn du einen Tag in deinem Leben noch einmal genauso erleben könntest, welcher wäre das? Was war so einzigartig an diesem Tag?

Welche Eigenschaften schätzen andere am meisten an dir? Und wofür bist du schon öfters kritisiert worden?

Jeder wird mal verletzt. Kannst du denjenigen vergeben, die dir wehgetan haben, und jeglichen Unmut hinter dir lassen? Wann hast du es zum letzten Mal getan?

Wann hattest du deine heftigste Lachattacke, und worüber hast du zuletzt herzhaft gelacht?

Wöchentliche Notizen

Erinnerung

Nur noch eine Woche!

Das *6-Minuten-Tagebuch* kann dich nur noch eine Woche lang begleiten.

Denke rechtzeitig an deinen nächsten Reisebegleiter und arbeite weiterhin an deinem persönlichen Glück.

Da du den Einleitungstext ja bereits verinnerlicht hast, haben wir eine Nachfolgeversion kreiert, mit der du dich voll und ganz auf dein tägliches Ritual fokussieren kannst.

«Das 6-Minuten-Tagebuch Pur» enthält eine neue Wochenroutine sowie brandneue Herausforderungen und Zitate, und begleitet dich für sieben Monate, sodass du zusammen mit dem *6-Minuten-Tagebuch* bei täglicher Nutzung etwas mehr als ein volles Jahr abgedeckt hast.

Ein Ziel ist nicht immer dafür da, erreicht zu werden, oft dient es einfach dazu, auf etwas hinzuarbeiten.[90]

Bruce Lee

Mo Di Mi Do Fr Sa So ....

Ich bin dankbar für ...

1. ....

2. ....

3. ....

So sorge ich für einen guten Tag ...

....

....

....

....

....

Positive Selbstbekräftigung

....

....

Wöchentliche Herausforderung

Welcher Freund hat im letzten Jahr die größte Rolle in deinem Leben gespielt? Schreib diesem Freund und bring dabei deine Dankbarkeit zum Ausdruck.

Was habe ich heute Gutes für jemanden (für mich) getan?

....

....

Was habe ich heute gelernt?

....

....

Tolle Dinge, die ich heute erlebt habe ...

1. ....

2. ....

3. ....

Mo Di Mi Do Fr Sa So ....

Ich bin dankbar für ...

1. ....

2. ....

3. ....

So sorge ich für einen guten Tag ...

....

....

....

....

....

Positive Selbstbekräftigung

....

....

Auf den Geist muss man schauen. Denn was nützt
ein schöner Körper, wenn in ihm nicht eine schöne Seele wohnt.

Euripides

Was habe ich heute Gutes für jemanden (für mich) getan?

....

....

Was habe ich heute gelernt?

....

....

Tolle Dinge, die ich heute erlebt habe ...

1. ....

2. ....

3. ....

Mo Di Mi Do Fr Sa So ....

Ich bin dankbar für ...

1. ....

2. ....

3. ....

So sorge ich für einen guten Tag ...

....

....

....

....

....

Positive Selbstbekräftigung

....

....

Es ist nicht notwendig, außergewöhnliche Dinge zu tun,
um außergewöhnliche Resultate zu erzielen.[91]

Warren Buffett

Was habe ich heute Gutes für jemanden (für mich) getan?

....

....

Was habe ich heute gelernt?

....

....

Tolle Dinge, die ich heute erlebt habe ...

1. ....

2. ....

3. ....

Mo Di Mi Do Fr Sa So ....

Ich bin dankbar für ...

1. ....
2. ....
3. ....

So sorge ich für einen guten Tag ...

....
....
....
....
....

Positive Selbstbekräftigung

....
....

Wenn man Verschiedenes denken will,
braucht man vor dem Reden eine Phase des Schweigens.
Angela Merkel

Was habe ich heute Gutes für jemanden (für mich) getan?

....
....

Was habe ich heute gelernt?

....
....

Tolle Dinge, die ich heute erlebt habe ...

1. ....
2. ....
3. ....

Ich bin dankbar für ...

1. ....
2. ....
3. ....

So sorge ich für einen guten Tag ...

Positive Selbstbekräftigung

Wessen wir am meisten im Leben bedürfen, ist jemand,
der uns dazu bringt, das zu tun, wozu wir fähig sind.

Ralph Waldo Emerson

Was habe ich heute Gutes für jemanden (für mich) getan?

Was habe ich heute gelernt?

Tolle Dinge, die ich heute erlebt habe ...

1. ....
2. ....
3. ....

Mo Di Mi Do Fr Sa So ....

Ich bin dankbar für ...

1. ....

2. ....

3. ....

So sorge ich für einen guten Tag ...

....

....

....

....

....

Positive Selbstbekräftigung

....

....

Nach den Gesetzen der Physik kann eine Hummel nicht fliegen.
Die Hummel weiß das aber nicht – sie fliegt einfach.[92]

Mary Kay Ash

Was habe ich heute Gutes für jemanden (für mich) getan?

....

....

Was habe ich heute gelernt?

....

....

Tolle Dinge, die ich heute erlebt habe ...

1. ....

2. ....

3. ....

Mo Di Mi Do Fr Sa So ....

Ich bin dankbar für ...

1. ....
2. ....
3. ....

So sorge ich für einen guten Tag ...

....
....
....
....
....

Positive Selbstbekräftigung

....
....

Die schwierigste Zeit in unserem Leben
ist die beste Gelegenheit, innere Stärke zu entwickeln.[93]
Dalai Lama

Was habe ich heute Gutes für jemanden (für mich) getan?

....
....

Was habe ich heute gelernt?

....
....

Tolle Dinge, die ich heute erlebt habe ...

1. ....
2. ....
3. ....

Wöchentliche 5 Fragen

Wenn heute der letzte Tag deines Lebens wäre, was würdest du tun?

Welche Person hat dich ganz besonders beeinflusst, und wie sieht dieser Einfluss aus? Was denkst du, welche Person du am meisten beeinflusst hast?

Welches Motto passt am besten zu deinem bisherigen Leben? Soll dein zukünftiges Leben unter demselben Motto fortgeführt werden?

Was ist deiner Meinung nach die größte Ungerechtigkeit, und inwiefern trägst du dazu bei, sie zu minimieren?

Wann hast du das letzte Mal etwas zum ersten Mal getan? Wie hat sich das angefühlt?

Wöchentliche Notizen

Dein Monats-Check

Gesamtstimmung	1	2	3	4	5	6	7	8	9	10
Dankbarkeit	1	2	3	4	5	6	7	8	9	10
Achtsamkeit	1	2	3	4	5	6	7	8	9	10
Familie	1	2	3	4	5	6	7	8	9	10
Freunde	1	2	3	4	5	6	7	8	9	10
Partnerschaft	1	2	3	4	5	6	7	8	9	10
Spaß	1	2	3	4	5	6	7	8	9	10
Ruhe & Gelassenheit	1	2	3	4	5	6	7	8	9	10
Zeit für dich	1	2	3	4	5	6	7	8	9	10
Gesund essen	1	2	3	4	5	6	7	8	9	10
Wasser trinken	1	2	3	4	5	6	7	8	9	10
Sport	1	2	3	4	5	6	7	8	9	10
Nach draußen gehen	1	2	3	4	5	6	7	8	9	10
Gesundheit	1	2	3	4	5	6	7	8	9	10
Kreativität	1	2	3	4	5	6	7	8	9	10
Finanzen	1	2	3	4	5	6	7	8	9	10
Arbeit & Ausbildungen	1	2	3	4	5	6	7	8	9	10
Gedanken & Emotionen	1	2	3	4	5	6	7	8	9	10
Die Gegenwart	1	2	3	4	5	6	7	8	9	10
Die Zukunft	1	2	3	4	5	6	7	8	9	10

Finale Gedanken

Ein riesiger Meilenstein

... du hast es geschafft!

In den letzten Monaten hast du fleißig die Seiten mit deinem Leben gefüllt. Dein erstes *6-Minuten-Tagebuch* ist vollendet und du kannst mächtig stolz auf dich sein! Wie fühlst du dich gerade? Hoffentlich den Umständen entsprechend: Nämlich grandios und großartig ... oder phantastisch und phänomenal!

Nimm dir ein paar Minuten Zeit und blättere durch dein Werk. Atme Erfüllung ein und Zweifel aus. Gönn dir etwas Schönes und mach dir bewusst, was du alles erreicht hast, um daraus Energie für kommende Ziele und Herausforderungen zu schöpfen. Genieße, was du geschafft hast und lass den Erfolg auf dich wirken ...

Sieh dir noch mal alle Monats-Checks an und reflektiere, welche Veränderungen du in den letzten Monaten durchlebt hast. Was hast du über dich gelernt und was waren deine größten Erfolgserlebnisse?

Eine letzte Frage haben wir noch: Was hast du heute Gutes für jemanden getan? Deine Antwort: »Ich habe meine Erfahrungen mit dem *6-Minuten-Tagebuch* mit euch geteilt. :)«

Schreib mir einfach auf Instagram: @dominikspenst

Zuerst
erschaffen wir
unsere
Gewohnheiten,
dann erschaffen
sie uns.[1]

John Dryden

Anmerkungen

1 **Die Wirksamkeit des 6-Minuten-Tagebuchs ist wissenschaftlich bestätigt.** – Lorenz, Timo / Algner, Mona / Binder, Benjamin (2022): A Positive Psychology Resource? Evaluation of the Effectiveness of the 6-Minute-Diary in a Randomized Control Trial, in Frontiers in Psychology Journal, Ausgabe 13.

2 **Motivation entsteht durch tun** – Steven Guise (2015): Viel besser als gute Vorsätze: Wie Sie mit MIni-Gewohnheiten Maxi-Erfolge erleben.

3 **Es kommt auf dein tägliches Tun an** – Maxwell, John C. (2015): It all comes down to what you do daily. http://www.johnmaxwell.com/blog/it-all-comes-down-to-what-you-do-daily

4 **Schlechtes wird intensiver wahrgenommen als Gutes** – Baumeister, Roy F. / Bratslavsky, Ellen / Finkenauer, Catrin / Vohs, Kathleen D. (2001): Bad Is Stronger Than Good, in: Review of General Psychology, Ausg. 5 (4)

5 **Schnellere, stärkere, beständige Reaktionen auf negative Dinge** – Haidt, Jonathan (2009): The Happiness Hypothesis. Putting Ancient Wisdom and Philosophy to the Test of Modern Science

6 **Naval Ravikants wichtigste Lebenserkenntnis** – In: Ferris, Tim (2017): Tools der Titanen. Die Taktiken, Routinen und Gewohnheiten der Weltklasse-Performer, Ikonen und Milliardäre.

7 **66 Tage bis zur festen Gewohnheit** – Lally, Phillippa / H. M. Van Jaarsveld, Cornelia / Potts, Henry W. W. / Wardle, Jane (2009): How habits are formed: Modelling habit formation in the real world, in: European Journal of Social Psychology, Ausg. 40 (6)

8 **Fast jeder scheitert bei der Umsetzung seiner Ziele** – Robbins, Anthony (2012): Change, Robbins Research International

9 **Der Stift ist mächtiger als die Tastatur** – Mueller, Pam A. / Oppenheimer, Daniel M. (2014): The Pen is Mightier Than the Keyboard: Advantages of Longhand Over Laptop Note Taking, in: Psychological Science, Ausg. 25 (6)

10 **Der Zusammenhang zwischen Handschreiben und Wundheilung** – Koschwanez, Heide E. / Kerse, Ngaire / Darragh Margot / Jarret Paul / Booth Roger J. / Broadbent Elizabeth (2013): Expressive writing and wound healing in older adults: a randomized controlled trial, in: Psychosomatic Medicine, Ausg. 78 (6)

11 **Naval Ravikants wichtigste Lebenserkenntnis** – The Tim Ferriss Show: Naval Ravikant on Happiness Hacks and the 5 Chimps Theory, Episode 136

12 **Glück braucht keine externen Faktoren zum Überleben** – Dalai Lama (2009): The Art of Happiness. A Handbook for Living

13 Nach Walsch, Neale Donald (2010): «Das Leben beginnt da, wo deine Komfortzone endet.» Aus: Wenn alles sich verändert, verändere alles. Inneren Frieden finden in schwierigen Zeiten.

14 Aus: Dalio, Ray (2017): Principles. Life and Work.

15 Dalio, Ray (2017): Principles. Life and Work.

16 Gilbert, Daniel T / Quoidbach, Jordi / Wilson, Timothy D. (2013): The End of History Illusion, in: Science 04 Jan 2013. Vol. 339, Issue 6115, pp. 96-98.

17 Seger, Carol A. / Spiering, Brian J. (2011): A Critical Review of Habit Learning and the Basal Ganglia, in: Frontiers in Systems Neuroscience. 5:66.

18 Vgl. Duhigg, Charles (2012): The Power of Habit. Why We Do What We Do in Life and Business.

19 **Die meisten Menschen bezeichnen sich als ziemlich glücklich** – Myers, David G. (2000): The Funds, Friends, and Faith of Happy People, in: American Psychologist, Ausg. 55 (1)

20 Zigler, Zig (2006): Der totale Verkaufserfolg. Verkaufen kann man alles: Strategie, Situation und Ausstrahlung entscheiden

21 **Unterdrückte Gefühle werden intensiver** – Garland, Eric, L. / Carter, Kristin / Ropes, Katie / Howard, Matthew O. (2011): Thought Suppression, Impaired Regulation of Urges, and Addiction-Stroop Predict Affect-Modulated Cue-Reactivity among Alcohol Dependent Adults, in: Biological Psychology, Ausg. 89 (1)

22 Jung, Carl Gustav (1995): Zwei Schriften über Analytische Psychologie

23 **Nur 5 % unserer Entscheidungen sind bewusst** – Zaltmann, Gerald (2003): How Customers Think: Essential Insights into the Mind of the Market.

24 **40 % unseres Verhaltens wiederholen sich täglich** – Wood, Wendy / Qinn, Jeffrey M./

Kashy, Deborah A. (2002): Habits in Everyday Life: Thought, Emotion and Action, in: Journal of Personality and Social Psychology, Ausg. 83 (6)

25 **Die tägliche Willenskraft ist eine limitierte Ressource** – Hagger, Martin S. / Wood, Chantelle / Stiff, Chris / Nikos, L. D. / (2014): Ego Depletion and the Strength Model of Self-Control: A Meta-Analysis, in: Psychological Bulletin, Ausgabe 136 (4)

26 Widener, Chris (2014): Jim Rohn's 8 Best Success Lessons

27 siehe Quelle 7.

28 **Gehirnareale sind genauso trainierbar wie Muskeln** – Maguire, Eleanor A. / Spiers, Hugo J. / Woollett, Katherine (2006): London Taxi Drivers: A Structural MRI and Neuropsychological Analysis, in: Hippocampus, 16 (12)

29 **Albert Einstein zum Zinseszins-Effekt** – Jürgen Neffe (2006) Einstein: Eine Biographie

30 **Die Bedeutung von Schlüsselgewohnheiten** – Duhigg, Charles (2014): The Power of Habit: Why We Do What We Do in Life and Business

31 Buffett, Mary; Clark, David (2017): Das Tao des Warren Buffett.

32 **Was ist Selbstreflexion?** – Law, Lai Chong / Mandl, Heinz / Henninger, Michael (1998): Training of Reflection: Its feasibility and boundary conditions, in: Institut für pädagogische Psychologie und empirische Pädagogik

33 **Die zahlreichen Vorteile von hochwertiger Selbstreflexion** – Schaw, Gregory (1998): Promoting general metacognitive awareness, in: Instructional Science, Ausg. 26

34 **Fehlerhafte Erinnerung an das, was uns glücklich gemacht hat** – Gilbert, Daniel (2007): Stumbling on Happiness

35 Lembke, Robert (1993): Grüße aus dem Fettnäpfchen. Aphorismen

36 **78 % schauen in den ersten 15 Minuten des Tages auf ihr Handy** – Lee, Paul / Calugar-Pop, Cornelia (2015): Global Mobile Consumer Survey. Insights into global consumer mobile trends. http://www2.deloitte.com/global/en/pages/technology-media-and-telecommunications/articles/global-mobile-consumer-survey.html

37 **Frauen in Japan werden durschnittlich 87 Jahre alt** – WHO-Report (2015): Die Länder mit der höchsten Lebenserwartung. https://www.welt.de/gesundheit/article128053733/Die-Laender-mit-der-hoechsten-Lebenserwartung.html

38 **Einzigartige und langfristige Effekte von Dankbarkeit** – Emmons, Robert A. / McCullough, Michael E. (2003): Counting Blessings Versus Burdens: An Experimental Investigation of Gratitude and Subjective Well-Being in Daily Life, in: Journal of Personality and Social Psychology, Ausg. 84 (2)

39 **Oprah Winfrey und ihr Dankbarkeitstagebuch** – Oprah's Gratitude Journal; OWN Oprah Winfrey Network (2012): https://www.youtube.com/watch?v=JzFiKRpsz8c

40 **Das Tagebuch funktioniert: Einer von vielen Beweisen** – Seligman, Martin E. P. / Steen, Tracy A. / Park, Nansook / Peterson, Christopher (2005): Positive Psychology Progress. Empirical Validation of Interventions, in: American Psychologist, Ausg. 60 (5)

41 Zitiert nach: Wildgruber, Florian (2017): Stärke: Warum wir alle mehr können, als wir glauben.

42 **Lebensfreude fördert Leistung, nicht umgekehrt** – Achor, S.: Happiness Advantage (2011): The Seven Principles That Fuel Success and Performance at Work

43 **Gesunder Optimismus verbessert und verlängert das Leben** – Seligman, Martin E. P. (2004): Authentic Happiness: Using the New Positive Psychology to Realize Your Potential for Lasting Fulfillment

44 **Tony Robbins über sein morgendliches Dankbarkeitsritual** – Tony Robbins' 10-Minute Morning Ritual; OWN Oprah Winfrey Network (2016): https://www.youtube.com/watch?v=cgnu9mapQiQ

45 Schweitzer, Albert (1995): Aus meinem Leben und Denken

46 **Dankbarkeit als einzigartiger Klebstoff deiner Beziehungen** – Watkins, Philip C. (2014): Gratitude and the Good Life. Toward a Psychology of Appreciation

47 **Beziehungen und das persönliche Wohlbefinden** – Diener, Ed / Seligman, Martin E. P. (2002): Research Report. Very Happy People, in: Psychological Science, Ausg. 13 (1)

48 **Eine aufrechte Körperhaltung macht sexy** – Mehrabian, Albert / Blum, Jeffrey S. (1997): Physical appearance, attractiveness, and the mediating role of emotions, in: Current Psychology: A Journal for Diverse Perspectives on Diverse Psychological Issues, Ausg. 16 (1)

49 **Bewusste vs. unbewusste Informationsverarbeitung im Gehirn** – Dispenza, Joe (2008): Evolve your Brain: The Science of Changing Your Mind

50 **Die Prinzipien hinter selektiver Wahrnehmung** – Eccles, John C. (1996): How the Self controls its Brain

51 **Das glückliche Gehirn ist produktiver und kreativer** – Achor, Shawn (2012): Positive Intelligence, in: Harvard Business Review, Ausg. 1

52 siehe Quelle 18.

53 Aus: Kennard, Aaron (2015): Affirm Your Truth: A 30-Day Mental Transformation from Stressed,

Anxious, or Depressed – to Happy, Hopeful, and Full of Peace

54 **Gehirnscans zeigen Effektivität von Affirmationen** – N. Cascio, Christopher / Brook O'Donnel, Matthew / Falk, Emily B. / Taylor, Shelley E. / Tinney, Francis J. (2015) Self-affirmation activates brain systems associated with self-related processing and reward and is reinforced by future orientation, in: Social Cognitive and Affective Neuroscience, Ausg. 11 (4)

55 **Negative und verneinte Selbstbekräftigungen** – Baumann, Siguard (2006): Psychologie im Sport

56 **Handynutzung in den letzten fünf Minuten des Tages** – Lee, Paul / Calugar-Pop, Cornelia (2015): Global Mobile Consumer Survey. Insights into global consumer mobile trends. http://www2.deloitte.com/global/en/pages/technology-media-and-telecommunications/articles/global-mobile-consumer-survey.html

57 **Negative Folgen von Elektronik vorm Schlafen** – Eggermont, Steven / Van den Bulck, Jan (2006): Nodding off or switching off? The use of popular media as a sleep aid in the secondary-school children, in: Journal of Paediatrics and Child Health, Ausg. 30 (9)

58 **Prosoziale Menschen sind tendenziell glücklicher** – Lyubomirsky, Sonja / King, Laura / Diener, Ed (2005): The Benefits of Frequent Positive Affect: Does Happiness Lead to Success?, in: Psychological Bulletin, Ausg. 131 (6)

59 **Anderen etwas Gutes zu tun macht nachhaltig glücklich** – Svoboda, Elizabeth (2013): What makes a hero?: The Surprising Science of Selflessness

60 **Glücksgefühl nach dem Geben hält verhältnismäßig lange an** – Seligman, Martin E. P. (2006): Learned Optimism: How to Change Your Mind and Your Life

61 Dweck, Carol (2017): Mindset, Changing the way you think to fulfill your potential.

62 https://www.cnbc.com/2017/10/06/tony-robbins-this-is-the-secret-to-happiness-in-one-word.html

63 **Eine positive Einstellung erhöht die Lebenserwartung** – Danner, Deborah D. / Snowdon, David A. / Friesen, Wallace V. (2013): Positive Emotions in Early Life and Longevity: Findings from the Study, in: Journal of Personality and Social Pschology, Ausg. 80 (5)

64 Aus: Trautwein, John (2014): My Living Will: A Father's Story of Loss & Hope

65 **Wie positive Erfahrungen es ins Langzeitgedächtnis schaffen** – Hanson, Rick (2016): Hardwiring Happiness: The New Brain Science of Contentment, Calm and Confidence

66 **Positive Effekte von sanftem Druck durch Freunde und Familie** – Hayes, Stephen C. / Rosenfarb, Irwin / Wulfert, Edelgard / Mund, Edwin D. / Korn, Zamir / Zettle, Robert D. (1985): Self-reinforcement effects: An artifact of social standard setting?, in: Journal of Applied Behaviour Analysis, Ausg. 18 (3)

67 Zitiert nach: Skwara, Günter (2017): Ganzheitlicher Energiefeldausgleich: Praktische Anwendung

68 Romanus, Thomas (2008): Kleine Momente, die glücklich machen

69 Arp, Susmita (2015): Gandhi

70 Gates, Bill (1995): The Road ahead

71 Drucker, Peter F. / Paschek, Peter (2014): Kardinaltugenden effektiver Führung.

72 Dalin, Per (1997): Schule auf dem Weg in das 21. Jahrhundert

73 Kranzpiller, Peter (2003): Danny Kaye. Stars der Kinoszene; Band 35

74 Zitiert nach: Thackray/Brock/Jones (2015): Moore's Law. The Life of Gordon Moore, Silicon Valley's Quiet Revolutionary

75 Aus: Dalai Lama (2008): 108 Perlen der Weisheit. Auf dem Weg zur Erleuchtung

76 Peale, Norman Vincent (2006): Die Kraft positiven Denkens

77 Aus: Mutter Teresa / Devananda, Angelo / Liesenfeld, Stefan (2008): Ich bin Gottes Bleistift. Gedanken für jeden Tag

78 Godin, Seth (2010): Linchpin. Are You Indispensable?

79 Dalai Lama (2009): The Art of Happiness. A Handbook for Living

80 Originaltitel: The Matrix (1999). Drehbuch: Lana Wachowski, Lilly Wachowski

81 Carnegie, Dale (2014): Wie man Freunde gewinnt: Die Kunst, beliebt und einflussreich zu werden

82 Dalai Lama (2009): The Art of Happiness. A Handbook for Living

83 Aus: Salber, Linde (2001): Marlene Dietrich

84 Geiger, Ruth-Esther (1995): Marilyn Monroe

85 Arp, Susmita (2015): Gandhi

86 Papst Franziskus (2013): https://twitter.com/pontifex_de/status/379156466357129216?lang=de

87 https://www.tonyrobbins.com/

88 http://www.kas.de

89 Aus: Mutter Teresa / Devananda, Angelo / Liesenfeld, Stefan (2008): Ich bin Gottes Bleistift. Gedanken für jeden Tag

90 Kumar, Abhishek (2017): The Life and Times of Bruce Lee

91 Buffett, Mary; Clark, David (2017): Das Tao des Warren Buffett.

92 Ash, Mary Kay (1996): You Can Have It All: Lifetime Wisdom from America's Foremost Woman Entrepreneur

93 Aus: Dalai Lama (2008): 108 Perlen der Weisheit. Auf dem Weg zur Erleuchtung

Notizen & Ideen

Notizen & Ideen

Notizen & Ideen

Notizen & Ideen

Notizen & Ideen

Notizen & Ideen

Notizen & Ideen

Notizen & Ideen

Notizen & Ideen

Notizen & Ideen

Notizen & Ideen

Der 6-Minuten-Newsletter

... ein Newsletter, der dich wirklich weiterbringt

Wenn dir *Das 6-Minuten-Tagebuch* gefällt, wirst du auch unseren *6-Minuten-Newsletter* lieben!

Dort erhältst du alle zwei Wochen Denkanstöße für ein erfüllteres Leben! Egal, ob spannende Geschichten, Buch- oder Podcastempfehlungen – wir legen besonderen Wert auf wirklich machbare und gleichzeitig wissenschaftlich fundierte Tipps, die du direkt in deinem Alltag umsetzen kannst. Zudem sind wir der einzige deutsche Newsletter, der mehrmals im Jahr 200 Stunden Coachings mit zertifizierten Coaches der renommierten Deutschen Gesellschaft für Positive Psychologie verlost. Das wissen auch unsere Leser zu schätzen:

«Danke für den inspirierenden Newsletter – by the way der einzige, den ich konsequent jede Woche lese :)» – *Romina*
«Vielen, vielen Dank für deinen tollen Newsletter, er ist am Mittwochmorgen immer das Erste, das ich lese – noch im Bett!» – *Valeria*
«Ich habe wenige Newsletter abonniert. Vor allem diesen. Weil er so ehrlich und aufrichtig ist und mir immer etwas gibt.» – *Fabian*

Über 100 000 Menschen lassen sich von uns in ihrem Mailfach inspirieren. Schließ dich – unter 6minutenverlag.de/newsletter oder über den QR-Code – an:

Dein Dominik